JN419611

노을, 별을 품다

노을, 별을 품다

안병진
수필집

세종출판사

책머리

어떻게 살아왔고, 어떻게 살아갈 것인가. 언젠가부터 문득문득 내가 나를 향해 던지게 된 질문이다. 어쩌면 그것은 세월이 내게 부과한 숙제인지도 모르겠다. 결국 모든 것은 작고 하찮다 여겼던 것들에서 출발한다는 사실이 내가 찾은 진리였다. 거목이 무성한 잎으로 그늘을 만들고, 열매를 맺는 것도 한 톨의 씨를 뿌렸던 결과물이다. 비록 조금은 늦었지만 내 삶에 묻은 한 톨, 글의 씨앗이 인생의 후반부를 풍성하게 만들어 주고 있다.

짧지 않은 인생, 한 권의 책과 같은 길이었지 싶다. 잘난 삶이었든, 못난 삶이었든, 한두 가지 정도는 책갈피에 남아 있을 이야기다. 가끔 누군가와 어깨동무를 하고, 가끔은 홀로 비틀거리기도 했던 추억. 하지만, 자랑거리 삼아 내세울 만한 것은 딱히 없었다. 그래서 반성하고 용서를 구하는 마음부터 담아 보았다.

어제가 어떠했든, 오늘도 내일도 어리석게는 살고 싶지 않다. 한 장 한 장 공을 들여 책장을 넘기듯, 정성으로 읽고 쓰겠다는 생각을 해본다. 한 번 지나가버린, 익숙했던 삶의 무대로 다시 복귀할 가망은 조금도 없다는 것을 알기 때문이다.

삶이 마침표가 아니라 느낌표여야 한다면, 먹물 냄새를 맡는 데

게을리 하지 않을 생각이다. 가슴속의 무수한 밀알이 다 글이 되는 것은 아니었다. 한 톨의 쌀알도 밥솥에 안쳐야 밥이 되듯이, 마음속 글 알도 쓰고 또 쓸 때 문장이 되고 문단이 되더라는 이치를 조금은 터득한 까닭이었다. 그리고 스스로를 다독이는 노력이 무엇보다 필요했다.

종심從心을 넘기도록 마음에 담아만 두었던 생각들을 지면 위로 파종했다. 만개하지 못한 꽃이다 보니, 열매가 설익었다. 퇴직과 동시에 느지막하게 파종한 탓이다. 쭉정이가 많아 알맹이를 가려가며, 하얀 종이 밭에 고랑을 내고 씨앗을 심느라 손이 많이 갔다. 영글지 못한 글에 대한 부끄러움은 숙제로 남는다. 부족한 글이지만, 많은 격려를 해주신다면 내일을 위한 자양분으로 삼겠다는 포부를 밝힌다.

이 책이 나오기까지 본인도 모르게 주인공으로 혹은 조연으로 글의 무대에 등장한 분들이 있다. 꽃의 역할로, 튼실한 과일 역할로, 가꾸고 거두는 일에 함께해주신 모든 분께 감사함을 전한다. 그동안 묵묵히 격려해준 사랑하는 아내와 두 아들, 며느리, 그리고 손자에게도 고맙다는 말을 하고 싶다.

2025년 늦은 가을날 書齋에서

차례

1부
내 인생의 왈츠

2부

삶을 걷다

3부

노을, 별을 품다

4부
동바리

5부

가면

1부
내 인생의 왈츠

함께한 사십여 년 동안,
나는 여러 지점에서 돌출 행동을 했다.
좌충우돌 합을 깨뜨리고, 호흡을 빼앗아 고통을 주는 일이 다반사였다.
억장이 무너지는 아픔 속에서도
가정이란 플로어를 지키기 위해 노심초사해 온 아내다.

대명란 바라기

단독주택에 살다 새 아파트로 이사를 했다. 입주 기념으로 대명란이란 석란을 구입해 가꾼 지 8년이 넘었다. 꽃이 핀 채로 인연을 맺었는데, 지고 난 이후 한 번도 그 고아한 자태를 볼 기회가 없었다. 아내의 지극한 정성을 보아서라도 한 번쯤 활짝 웃어줄 만하건만 좀처럼 굳건한 함구를 풀지 않았다.

그러구러 입춘을 며칠 앞둔 날, 내내 애만 태우던 대명란이 연초록 꽃대로 인사를 청해왔다. 기다림이 길었던 탓인지, 나는 달떠 비명을 지르듯 아내를 불렀다. 애지중지하며 보살폈던 아내의 기쁨은 나와 비교가 되지 않을 만치 클 것 같아서였다. 자나 깨나 석곡石斛의 상태를 예의주시하던 아내였으니 어쩌면 그 기미를 나보다 먼저 읽고 있었을 것이다. 아내는 반가움의 표현 대신 대뜸 올해에 행운이 올 것 같다는 한마디로 의미를 부여했다.

아내는 한때 오백 점이 넘는 각종 화초를 가꾼 적이 있다. 대부분 떡잎이 무성한 나무나, 다육 식물 종류로 꽃을 흔하게 볼 수 있는 화초류는 아니었다. 그 와중에 행운목이 두 해 동안이나 거푸 꽃을 피운 적이 있었다. 첫해는 작은아들이 취직했고, 다음해는 작은며느리를 얻었다. 그 경험이 또 다른 행운을 기대하게 하는 것 같았다.

아내가 생각하는 행운은 무엇일까. 몇 년간 복잡하게 얽혀 있는 송사에 관련된 것일까. 아니면, 작은며느리가 손주를 잉태했다는 소식일까. 더 욕심을 부려 큰아들이 짝을 찾았으면 하는 소망을 빌고 있는 것은 아닐까. 하긴, 그 모두가 우리 부부에게 지대한 관심사요, 고대하는 행운이니 허투루 넘길 수 있는 문제는 아니었다.

그날 이후 아내와 나는 대명란 바라기가 되었다. 아내는 행운을 기다리고, 나는 은은한 난향을 기다렸다. 기다린다는 것은 설렘이고 행복이었다. 꽃은 어떤 표정으로 다가와 어떤 체취로 나를 유혹할지. 아침마다 올리는 문안도 귀찮지 않았다.

그때까지도 볼품이 없기는 했지만, 그래도 자라목처럼 삐죽 고개를 내민 삼각형의 튼실한 줄기가 희망의 약속 같아 더 따뜻한 눈길로 도닥거려 주었다. 베란다 창가에서 투명한 햇살과 신선한 공기를 먹고 마시며, 나날이 제 깜냥껏 생장곡선을 그리고 있는 녀석이 대견하기 그지없었다. 느린 걸음으로나마 내게 다가오고 있음을 느끼는 재미가 은근히 쏠쏠했다.

얼굴에 로션조차 바르지 않던 시절이 있었다. 젊다는 자신감 때문인지, 나를 가꾸는 일에 그다지 신경을 쓰지 않았다. 세수할 때도 빨랫비누나, 세안비누 가리지 않았다. 그저 눈에 먼저 들어오고 손에 먼저 닿는 것을 쓸 정도로 피부나 외모에 관심이 없었다.

그즈음 우연히 난향처럼 상큼한 향수를 접하게 되었다. 그 향내가 뇌에 각인되어 버렸는지, 그 후 나는 병적이다 싶게 난의 향기를 그리워했다. 그때의 분위기나 함께한 사람이 그 향을 더 깊고 그윽하게 만들었는지 모른다. 그날 이후 첫눈에 반한 사랑을 그리워하듯 난향을 찾아 가슴앓이를 해왔다.

물론 꽃이라 하여 모두 향기가 고운 것은 아니다. 향이 외양을 따라가지 못하는 꽃도 있고, 겉모습은 볼품이 없으나마 아찔한 향을 뿜어내는 꽃도 있다. 대명란은 첫사랑의 풋풋한 향기에 아름다움까지 겸비한 꽃이다. 나뿐만 아니라 누구라도 좋아할 수밖에 없는 매력을 가지고 있다.

난은 꽃대를 올리고서도 좀처럼 꽃을 보여 주지 않았다. 보는 이를 애태우게 하는 재주까지 지녔는가 보았다. 꽃샘추위 때문인가 하여 햇볕이 잘 드는 곳으로 옮겨도 보았지만, 꽃대는 더디게 몸을 풀었다.

누군들 자연의 순리에 따따부따할 수 있으랴. 우리는 고작 기다리는 일밖에 할 수 없었다. 짙푸른 색의 두 줄기 삼각모형 꽃대가 한 뼘 정도 자라며 네 갈래의 기둥으로 갈라졌다. 어린아이 팔뚝 크기의 줄기 네 곳에서 여덟 줄기의 꽃대로 또다시 나뉘면서 촘촘한 꽃망울을 보이기까지 한 달 이상이 걸렸다. 느리지만 끊임없이 이어지는 소소한 변화는 인고의 시간에 대한 보상과도 같았다. 파란 꽃대마다 매달린 몽우리가 일렬종대로 마주 보며, 경쟁이라도 하듯 영롱한 자태를 자랑했다. 행여 쌍둥이가 아니랄까 봐 등져 매달린 모습까지도 똑같았다.

꽃망울은 버선을 거꾸로 엎어 놓은 모양이었다. 장옷으로 얼굴을 가린 수줍은 여인네처럼 애간장을 녹였지만, 그마저도 환희였다. 얼마 지나지 않아 만삭의 여인처럼 버선 끝이 볼록하게 부풀어 올랐다. 점점 하얀색으로 변해가는 것이 곧 고결한 꽃을 순산할 것 같았다.

밤낮의 길이가 같다는 춘분 날 아침, 문자 메시지 한 통에 눈을 떴다. 밤새 내린 강설로 교통 혼잡이 예상되니 가능하면 대중교통을 이용하라는 내용이었다. 마음이 급했다. 내가 잠든 사이 반짝 혹한에 얼지는 않았는지, 퍼뜩 베란다로 달려갔다.

이럴 수가. 그 추운 밤을 견디고 서너 마리의 학이 우아한 자태를 뽐내며 대명란 꽃대에 앉아 있는 것이 아닌가. 긴 목을 세우고 날갯짓하는 듯한 고귀한 모습이었다. 하얀 깃털에 이슬까지 머금은 청초함이 나를 흥분시켰다. 그러나 환희의 순간도 잠시, 맡아지는 향기가 없어 코를 킁킁거렸다. 급한 마음에 꽃대를 흔들어 손바람을 일으켜 보지만, 추억의 향내는 찾을 수가 없었다.

향기도 없는 석곡 꽃을 보기 위해 그렇게도 애를 태웠단 말인가. 아침 밥상 앞에서 투덜거렸더니 아내는 거실을 가득 채우는 진한 향기를 맡지 못하느냐며 외려 나를 타박한다. 아예 대명란 앞에 붙박여 일어설 줄을 모른다. 행운이 올 거라던 아내의 말이 갑자기 귓가를 맴돈다. 슬그머니 걱정이 되기까지 한다. 기대가 크면 실망도 큰 법인데 혹시라도 마음을 다치는 것은 아닐지.

설핏 본 대명란과의 본격적인 조우는 저녁으로 미룬 채, 상념에 잠긴 아내를 보며 출근을 서두른다. 그러고 보니 휘우듬하게 기운 꽃의 등허리와 고개 숙여 향을 맡는 아내의 뒷모습이 많이 닮았다. 뜻 모르게 짠한 마음이 생긴다. 평생 남편과 자식에게 난향보다 더 깊고 숭고한 향기를 주는 꽃이 아내였다는 것을 깨닫는 순간이다. 세상 가장 귀한 향을 가까이 두고 엉뚱한 곳에서 난향을 찾는 못난 남편이 나였다며, 머쓱해진 마음으로 집을 나선다.

아내는 아직도 꽃의 턱밑을 지키고 앉아 어렵사리 성사된 하후를 즐기고 있을까. 우리 가정을 크게(大) 밝혀 줄(明), 나의 대명란 바라기는 이제부터 시작될 듯하다.

어설픈 캣맘

집 앞 큰길을 건너면 금강공원이다. 금정산 능선 남쪽 기슭에 자리 잡은 공원은 부산 근교에서 모르는 이가 없을 만치 자연 경관이 아름다운 곳이다. 울창한 숲과 기암절벽이 절경을 이루고, 골마다 흐르는 시냇물 소리는 신선경神仙境에 들어선 느낌을 준다. 놀이 문화가 그리 발달하지 못하던 시절 동래 온천과 더불어 인기를 누렸던 장소로 부산 사람이라면 남녀노소 할 것 없이 추억 한 토막쯤은 간직하고 있을 법한 관광지다.

2년 전 이곳으로 이사를 왔다. 천혜의 경관을 자랑하는 공원을 곁에 두었으면서도 산책은 겨우 서너 번 정도 해 본 것 같다. 천성이 게을러 움직임을 싫어하다 보니 저녁 먹기 바쁘게 소파에 껌딱지처럼 붙어 TV 삼매경에 빠지다 잠자리에 들곤 하는 생활 방식 탓이다.

어느 날, 풍성한 저녁 밥상의 유혹을 이기지 못해 과식을 하고는 뱃속이 거북하다며 거실을 어슬렁거렸다. 윗옷을 올려 불뚝한 배를 드러내고는 손으로 쓱쓱 문지르는 내가 눈에 거슬렸나 보다. 아내가 산책을 하러 가자고 했다. 여름철 기온은 저녁이라 하여 낮과 별반 다르지 않을 터였다. 산책보다는 그래도 시원한 에어컨 바람이 좋은 날이었다. 새삼스레 무슨 산책이냐며 짜증을 내면서도 굿 이기는 척 따라나섰다.

딱히 코스를 정하지는 않았지만, 자연스럽게 북문에서 민속박물관과 구 동물원 입구를 거쳐 새롭게 조성된 숲길로 향했다. 앞서거니 뒤서거니 느릿느릿 걷는 맛이 제법 흥미로웠다. 숲길에는 여러 가지의 꽃들이 사시사철 피고 진다. 계절을 모르는 것인지 금낭화도 보이고, 은방울꽃도 보였다. 게다가 개망초와 원추리꽃까지 가세를 하는 통에 봄인지 여름인지 잠시 헷갈릴 정도였다.

발만발만 걸어가며 길옆의 식물에 대한 대화가 길어졌다. 꽃 이름과 꽃말을 들먹이며 나만 아는 듯이 어깨를 으쓱이기도 했다. 소나무 아래서는 솔잎을 밟으며 향기도 맡았다. 땔감으로 솔가리가 최고여서 어린 나이에 어른들을 따라 나무하러 다녔다는 무용담까지 곁들이다 보니 더부룩한 속도 한결 편해졌다. 그간 자주 와보지 못한 것이 후회스러웠다.

그렇게 얼마쯤 갔을까. 간단한 배낭을 메고 검은 비닐봉지를 든 남자가 지나갔다. 그 사람과 얼마간의 거리를 두고 산 고양이 몇 마리가 어슬렁어슬렁 뒤따르고 있었다. 마치 오래전 읽었던 동화 「피리 부는 사나이」의 한 장면을 연상시키는 모습이었다. 익숙한 듯,

남자가 적당한 거리에 먹이를 놓고 나면 뒤따르던 고양이 중 한 마리가 자동으로 먹이 앞에 멈추어 섰다. 그는 같은 방법으로 한 마리씩 먹이를 주며 나아갔다. 처음 보는 광경이라 흥미롭게 지켜보면서 의문이 들었다.

한곳에 모아놓고 주면 간단할 것 같은데, 번거롭게 여기저기 흩어 주는 이유가 있을까. 아내는 고양이의 습성 때문이라 했다. 한곳에 놓아두면 서열이 낮은 놈은 먹지를 못해, 골고루 먹을 수 있도록 띄엄띄엄 주는 것이란다. 그제야 고개가 끄덕여졌다. 그래서인지, 산책로 구석구석에 식사중인 고양이들이 보였다.

꽃으로 시작한 대화가 길고양이 얘기로 마무리될 즈음, 케이블카 매표소 부근 숲 속에서 아주머니 한 분이 나뭇가지를 헤집고 불쑥 길로 내려섰다. 역시 큰 가방을 메고 검은 비닐봉지를 들었다. 숲 속의 고양이들에게 먹이를 주고 나오는 모양이었다. 편안한 길을 따라가는 남자와 위험한 숲 속을 다니는 여자. 딱히 남녀의 역할을 구분 짓는 것은 아니지만, 역할이 바뀌었으면 보기가 좀 더 편할 것 같았다.

요즘은 저녁 밥상을 물리면 누가 먼저랄 것도 없이 공원으로 향한다. 엊그제는 초입에 피어 있는 분꽃 앞에 걸음을 멈추었다. 수줍음, 내성적, 겁쟁이 등이 꽃말이라며, 겁이 많은 나를 분꽃 같은 남자라고 농을 하다가 갑자기 아내의 얼굴이 굳어졌다. 철제 울타리에 팽팽하게 걸려 있는 현수막 때문이었다. '금강공원 고사모 일동'이라고 신분을 밝힌 이들이 '금강공원 고양이를 불법 포획하여 죽이고 거래하는 사실을 알고 계신 분의 제보를 받습니다.'라는 글귀를 새겨놓았다.

아내는 적잖이 충격을 받은 모양이었다. 몰아쉬는 들숨과 날숨의 거친 숨결이 고스란히 느껴졌다. 아무리 길고양이 돌봄에 대한 찬반양론이 뜨겁다지만, 두 눈을 뜨고 살아 숨 쉬는 목숨에 해코지를 하다니. 캣맘에 대해 극한 혐오의 글들이 다수 있는 것을 나도 보긴 했다. 다 같은 생명이기에 보호해야 한다는 이들도 있지만, 주변 환경과 소음 등의 폐해를 외치며 퇴치를 주장하는 이들도 만만치 않다. 나 역시 어느 한 쪽 편을 옹호할 정도로 관심이 있었던 것은 아니지만, 그렇다고 하여 극단적인 방법으로 목숨을 해치는 일에는 동조를 할 수 없다.

미동도 없이 한참을 서 있는 아내의 모습에서 묘한 긴장감이 느껴졌다. 주위를 매의 눈으로 두리번거렸다. 휴대전화로 촬영을 하고, 이곳저곳을 기웃거리며 의심의 눈초리를 거두지 않았다. 지나가는 사람의 손에 들린 소지품까지 일일이 살피는 모습은 꼭 콜롬보 형사가 빙의 된 듯했다. 그러고 보니, 길고양이 개체 수가 많이 줄어든 것 같기는 했다. 숨어 있을 만한 곳을 유심히 살펴보아도 두세 마리 밖에, 눈에 띄지 않는 것이 더욱 의심을 키웠다. 흉흉한 소문이 현실이 될까봐 두려운 마음을 지울 길이 없었다.

밤늦게까지 걱정하는 아내를 보노라면 위로와 진정이 필요한 시점 같았다. 집 고양이는 사람의 보살핌을 받으니 오래 살지만, 야생 고양이는 먹는 것도 부실하고 많은 위험에 노출되어 있어 수명이 짧다는 위로의 말에도 듣는 체를 않았다. 그 많은 개체 수가 갑자기 줄어든다는 것은 자연의 순리가 아니란다. 반드시 외부에서 물리적인 어떤 힘이 작용했을 것이란 논리였다.

벌써 며칠째, 아내는 고양이에게 줄 캔을 챙겨서 저녁 산책을 재촉한다. 예민해져 있는 아내에게 귀찮은 내색을 할 수 없다. 어미 없이 혼자 있는 새끼를 본 후로는 더욱 적극적인 캣맘으로 변한 아내가 아닌가. 시작점부터 조금씩 먹이를 놓아가다, 마지막에는 새끼에게 남은 먹이를 통째로 준다. 그러고는 쪼그리고 앉아 다른 고양이로부터 지켜주는 열성까지 보인다. 어미 없는 새끼는 며칠만 보살핌이 없으면 살아남기 힘들기 때문이란다. 어쩌면 이번 사건에서 어미가 희생되었는지도 모른다는 것이 아내의 추론이다.

오늘도 현수막은 묵묵히 걸려 있다. 변한 것은 아내의 산책이 잦아지고 있다는 것과, 내게 동참을 요구한다는 것이다. 캣맘에게까지 위해를 가하는 사례가 종종 발생하고 있다니, 아내를 홀로 내보낼 수도 없는 일이다. 그로 인해 어설픈 캣맘의 보호자 역할이 내게 주어졌다고나 할까. 아내는 고양이를 챙기고, 나는 그런 아내의 호위무사가 되어 저녁마다 공원을 순찰한다.

뒤태에 빠지다

　4월의 햇볕이 제법 따스하다. 벚꽃 소식이 전해진 게 엊그제 같은데, 벌써 화사한 꽃잎이 어지러이 흩날린다. 먼저 진 꽃잎 겨드랑이에 여린 초록 버찌가 앙증맞게 흔적을 남기고 있다. 꽃길을 걷는 반백의 여인. 고개를 갸웃거리며 가다 서기를 반복하는 것이 뭔가를 골똘하게 찾고 있는 듯해 보이지만, 여의치 않은 모양이다. 가을로 접어든 저 여인도 한평생 모진 풍파를 견뎌내느라 버찌 같은 상흔이 작은 가슴에 남아 있을 것이다. 여인의 뒷모습이 왠지 애처로워 보인다.

　그녀는 고향을 찾아가는 중이다. 부산에서 태어나 부산에 살다 보니 고향이란 말보다는 어릴 적 자란 곳이라는 게 더 맞는 표현일 게다. 오십 년이 지난 지금 부산항이 내려다보이는 구봉산 자락에서 유년기를 보낸 여인의 기억 속 풍경은 어느 한 곳도 오롯이 남아 있지 않다. 마을 중턱에 자리했던 저수지는 학교로 변해 있고, 물방개 잡고 물장난치며 놀았던 개울은 복개되어 차들이 다니고 있으니, 흐릿한 기억 속에 남아있는 그림이 쉽사리 드러날 리가 없다. 알만한 이웃 어르신들이 살아계실 것 같지도 않아 물어볼 곳도 없다. 산복도로란 새로운 길이 생기며 천지개벽을 했는데 여남은 살의 여물지 않은 기억으로는 옛집 찾기가 난망한 모양이다. 한참을 올라가며 두리번거린다. 이 골목 저 골목 눈에 익은 지형이 없는지, 다시한 번 산기슭에서 마을로 되짚어 내려가 보잔다.

목이 긴 사슴 같은 여인의 뒤태가 아직도 아름답다. 이순의 나이를 바라보는 여인네의 뒷모습이 이렇게 예뻐도 되는 것인가. 단발머리 밑으로 내려온 긴 목선, 적당히 벌어진 어깨, 과하지 않게 굵어진 허리, 옛집을 찾아 휘적휘적 앞장서는 뒷모습 위로 오래전 한 처녀의 뒤태에 빠졌던 추억이 아스랗게 떠오른다.

제대를 하고 구청에서 공직 생활을 시작했다. 수도가 있는 집을 방문하여 요금을 책정하고, 고지서를 전달하는 것이 첫 업무였다. 수습 기간 중 선참 직원을 따라 어느 집을 방문하였다. 그런데 대문을 열어주고는 2층 계단을 총총히 올라가는 처녀의 뒤태에 마음을 뺏겨버리고 말았다. 순간 숨이 멎는 듯했다. 마치 하늘에서 내려온 선녀가 승천하는 듯했다. 고요히 흐르던 냇물이 급류를 만난 듯 내마음은 심한 요동을 쳤다. 제대 후 사회생활을 하며 처음 느낀 여성에 대한 감정이 얼굴도 아닌 뒷모습에서 나왔던 셈이다. 옛 판소리에 '뒤태를 보자'는 구절을 들어보기는 했지만, 현실에서 이름 모를 처녀의 뒤태에 빠져들 줄이야.

그녀를 보기 위해서는 다음 달을 기다려야 한다는 생각에 일이 손에 잡히지 않았다. 집에 갈 때도, 휴식을 취할 때도, 심지어 잠을 자면서도 그녀의 뒷모습이 아른거렸다. 상사병이 그런 증세였을까. 다시 그 집을 찾았을 때 집주인에게 다짜고짜 "아지매, 사윗감으로 어떻는기요?"라며 딸을 달라고 진심 섞인 농을 하기도 했다. 그러나 몇 달 후 정식으로 내 담당 구역이 생기고 업무에 쫓기다 보니 그녀를 까맣게 잊고 말았다.

해가 바뀌자, 아들 장가보낼 생각에 이곳저곳 매파를 띄운 어머니의 레이더망에 먼 사돈아가씨의 친구가 걸렸다. 거제리 어느 다방에서 처음 본 그녀는 큰 눈에 눈망울이 맑은 이였다. 검고 또렷한 눈동자가 이국적이면서도 기풍이 있는 몸매도 은근히 도도해 보였다. 일단 마음이 끌렸다. 호감이 가니 모든 것이 예쁘게 보였다.

찻값을 계산하고 나오는데 1층 계단을 올라가는 그녀의 뒷모습이 눈에 들어왔다. 아름다웠다. 어디서 본 듯하면서 그렇게 예쁠 수가 없었다. 내가 이상한 걸까. 앞모습도 아닌 뒷모습에 자꾸 빠지다니. 일 년 만에 뒷모습이 예쁜 아가씨가 쏜 큐피드의 화살에 또다시 꽂히고 만 것이다. 게다가 내가 근무하는 직장 관할에 거주까지 하고 있다니, 친근감 급상승에, 앞태도 합격, 뒤태도 합격이었다.

그녀를 바래다주러 가는 길이었다. 교통부까지 와서는 산복도로를 왕복하는 일명 마이크로버스를 갈아타고 뒷좌석에 나란히 앉았다. 울퉁불퉁 팬 비포장도로의 덜커덕거림은 임산부가 이용을 꺼린다는 전설까지 있는 도로였다. 하차 지점까지 가는 동안 몸과 몸이 부대끼며 마음까지 급속도로 가까워진 느낌이었다. 공터가 있어 뻥튀기 장사가 터전을 잡고 있는 정류장에 내려 작별을 했는데 이럴 수가. 그녀는 곧장, 마음속 그 집으로 들어가는 것이었다. 그녀가 바로 일 년 전 나를 뒤태에 빠지게 만들었던 이름 모를 처녀였던 것이다. 이런 경우를 두고 천생의 연이라 하는 건지.

피천득 선생은 "어리석은 사람은 인연을 만나도 몰라보고, 보통 사람은 인연인 줄 알면서도 놓치고, 현명한 사람은 옷깃만 스쳐도 인연을 살려낸다."라고 하지 않았던가. 인연은 가까이 있으나 먼 길을 돌아온다는 말이 맞는 것인가. 나 혼자 뒤태만 본 인연을 다시 만난 셈이었다. 나의 연애사가 펼쳐지고, 부부란 연을 맺어 함께 주연을 맡은 한 편의 드라마는 그렇게 시작되었다.

결혼을 하고도 뒤태에 빠지는 일이 많아졌다. 요리하는 모습에 설레고, 걸레질하는 모습에도, 빨래하고 다림질하는 모습에도 가슴이 두근거렸다. 베란다 화초에 물을 주는 모습이 예쁘게 보였고, 화장대 앞에 앉아 얼굴을 만지는 모습도 아름다웠다. 심지어 침실에서 돌아누워 자는 뒷모습도 황홀했다. 여인의 넉넉한 마음이나 얼굴, 행동 하나하나가 천사 같지만, 두고두고 오래 하고픈 마음에 뒷모습부터 좋아하게 된 것인가. 차차 아껴둔 앞모습에 빠지면 백년해로는 문제없을 것 같았다.

평생 그리워했을 아련한 기억 저편을 더듬는 여인을 보며 지난날이 생각나 코끝이 찡하다. 아직도 저 여인의 뒷모습이 나를 가슴 뛰게 한다. 언젠가 이별이란 아픔을 겪겠지만, 함께했던 한 편의 드라마가 부디 해피엔딩으로 끝나기를. 가족을 위해 고달픈 삶을 살아온 숭고한 희생이 달콤쌉쌀한 버찌처럼 세월로 깊어져 가는 여인의 뒤태를 오래도록 음미하고 싶다.

이끼로 살다

진한 녹색의 식물로 잎과 줄기를 구별하기 어렵다. 뿌리도 없을 뿐 아니라, 신장이라고 불러 줄 수도 없을 만치 작은 키를 가졌다. 그저 땅이나 나무, 바위에 기생하는 땅꼬마 식물이라 할까.

지구상에 1만 6천여 종이나 된다고 하지만, 이끼는 존재감이 별로 없는 식물이다. 꽃이 피지 않으니 화려함을 욕심내지 않을뿐더러 주인보다는 객의 자리가 주 서식지여서일 게다. 물, 바람, 흙, 그리고 적당한 햇볕이 있는 곳은 어디에서나 잘 자라는 선태식물로, 우주공간에서도 생존한다고 하니 생명력 하나만은 질긴 족속들이다.

지금까지 이끼는 음습한 곳에서 기생하는 유해한 식물로 알고 있었다. 뒷골목 후미진 곳이나 하수구, 빗물받이 등 더럽다고 생각하는 곳에서 많이 보았기 때문이다. 그러니 어쩌다 마주쳐도 외면하고 피해 가는 것이 이끼를 대하는 태도였지만, 겉모습과는 다르게 그들이 베푸는 혜택은 무궁무진하다고 한다. 미세 먼지 정화는 물론 탄소를 흡수하는 능력도 우수하여 환경을 살리는 데 일조를 한다니 하찮게 볼 식물은 아닌 것 같다.

십여 년 전, <이끼>란 영화를 관람한 적이 있었다. 정확하지는 않지만, 영화의 줄거리 어디에도 이끼는 나오지 않았다. 다만 "이끼처럼 조용히 바닥에 딱 붙어 살아라."는 대사 한마디가 있을 뿐이었다. 마지막 장면은 이끼처럼 바닥에 납작 엎드려 자신의 욕망을 감추고, 끈기 있게 살아남은 여인이 승자의 자리에 서기는 했지만.

언제부터인가 집안에서도 종종 이끼를 만나게 된다. 화원에 놓여 있는 유리용기 속의 작은 세상에도, 화분 사이에 깔아놓은 자갈에도 이끼가 보였다. 화초의 수분 증발을 막아 주거나, 몸에 저장한 수분을 공급해 주며 상부상조하는 모양이었다. 그러나 언제나 주인공 화초에만 눈길이 갈 뿐 이끼의 존재를 크게 의식하지는 못했다.

아내와는 꽤 친한 식물인 것 같았다. 간혹 산행 중에 만나면 그냥 지나치지 못하고 감탄사와 함께 눈독을 들이곤 했었다. 그러다 보니 자연스레 화초의 한 종류가 되어 우리 집에도 자리를 잡았던가 보다. 베란다에서 주변의 식물들과 조화롭게 어울려 다양한 역할을 하고 있었지만, 그저 그런 관상용 식물로 생각했었다. 적어도 영상 속의 장엄한 이끼를 보기 전까지는.

영화 개봉과 비슷한 시기에 TV에서는 산행을 통해 이끼 폭포를 찾아가는 프로그램을 방영했다. 아내가 급하게 나를 부르기에 함께 시청하게 되었다. 떨어지는 물길 사이사이 바위에 붙은 이끼의 아름다움은 상상 이상이었다. 계곡 전체가 푸른 융단을 뒤덮어 놓은 듯했다.

영화의 어두운 영상과는 달라도 너무나 달랐다. 영화 속에서는 비밀이 많은 주민들이 이끼처럼 스며들어 광폭狂暴스럽게 살고 있었다면, TV 속 영상은 산 좋고, 물 좋은 무릉도원의 신천지를 보는 느낌이었다. 아내가 그곳으로 당장 여행을 가자고 했지만, 다음을 기약하며 잊어버렸다.

수년이 지난 어느 여름, 또다시 이끼 폭포에 관련된 방송을 보게 되었다. 오랫동안 묵혀두었던 욕망이 분출했는지, 주저 없이 휴가의 첫 방문지를 그곳, 삼척시 도계읍의 무건리 폭포로 잡았다. 우리나라 이끼의 3대 분포지 중 한 곳이었다.

TV에서 본 산길을 힘들게 찾아들었더니 급경사의 임도가 수 킬로미터로 이어졌다. 오락가락하는 비 때문에 체력이 급격하게 떨어졌다. 계곡으로 들어가는 사람은 우리 부부뿐이라 마음마저 다급해지는 것이었다. 이러다가 낭패를 당하지 않을까 하는 순간 눈앞에 이정표가 보였다. 반가운 내 마음은 아랑곳없다는 듯 무표정한 이정표는 손가락만 쭉 뻗어 계곡을 가리키고 있었다.

십 년을 벼른 이끼 폭포의 장관이 눈앞에 펼쳐졌다. 촉수 끝에 물기를 머금고 반짝반짝 빛을 내는 초록 이끼 잔디는 폭포수에 붓을 적셔 사방에 뿌려 놓은 듯한 신비경이었다. 바위와 바위 사이의 틈도 아름다운 이끼의 세계였다. 그간 눈길 한 번 주지 않던 이 끼가 이런 풍광을 연출하리라 어찌 상상이나 했겠는가. 끝없이 펼쳐진 초록 융단을 손끝으로 더듬어 보았다. 손등을 타고 가슴과 목, 전신이 이끼로 덮여 이끼 인간이 될 것 같은 착각마저 들었다.

초록빛 태고의 신비가 가득한 계곡은 그 자체만으로도 글로 표현할 수 없는 몽환이었다. 모든 자연물을 따뜻하게 감싸고 있는 이끼의 숲이 삶에서 생긴 생채기들을 다독여주는 것 같았다. 나는 그날 이끼와 눈 맞추기 위해 수없이 무릎을 꿇고 허리를 숙였다. 그간 나도 나라며, 꼿꼿하게 치켜세웠던 지존의 체위를 자청하여 포기할 만큼의 장엄함, 이끼의 왕국은 그러했다. 작고 보잘것없는 것이 얼마나 위대할 수 있는지를 목격했다고 할까.

삶이란 이끼와 같아 가랑비에도 행복해하며 사는 것이라 했던가. 그날 아내가 이끼 계곡에서 무엇을 읽었는지는 모르겠다. 그러나 나는, 나를 위해 한평생을 참아준 아내의 헌신을 보았다. 티격태격 삐거덕거리면서도, 제자리를 지키며 이끼처럼 숨죽여 살아준 아내가 문득 고마웠다. 머리가 희끗희끗해진 나이에도 체면치레 정도는 하고 사는 나의 오늘은 모두 아내의 내조에서 비롯되었던 것이라고, 새삼스러운 깨달음을 얻기도 했다.

그 짧은 여행 덕분일까. 언젠가부터 나는 자연스레 이끼의 습성을 익히고 있다. 집 안에서 물이 있는 습한 장소만 찾아다닌다. 개수대에서는 설거지를 도맡아 하고, 욕실의 물때나 배수구 청소는 물론 변기 세척도 마찬가지다. 방과 거실의 물걸레질이나 음식물 쓰레기 처리까지, 물이 있는 모든 것은 내 손을 거친다. 노년의 평화를 위한다는 명목이지만, 실상은 나이 들어가는 아내를 위해 흔쾌히 이끼로서의 삶을 택한 내 마음이 전해지려나 모르겠다.

내 인생의 왈츠

　가슴속 깊은 곳까지 파고드는 바람이 상쾌했다. 오월의 소소리바람과 결이 달랐다. 유월의 짙은 녹음을 실어 오는 신선하고도 쾌적한 바람이었다. 퇴직 연수를 마친 홀가분함 때문일까, 연수원 정문을 나서는 동안 두어 번의 심호흡만으로도 답답했던 체증이 뚫리는 기분이었다.

　돌아보면 매달 몇 푼의 돈이 꼬박꼬박 통장으로 입금되는 대가로 나의 전부를 지불해 온 것 같았다. 눈을 뜨면 출근하기에 바빴고, 퇴근 후는 파김치가 되어 널브러지는 일의 반복이었다. 직장이란 조직 생활이 삶의 전부라 해도 과언이 아니었다. 본의 아니게 가족을 돌보지 못했고, 나 자신을 가꾸는 일에도 인색한 세월이었다.

　연초가 되자 은퇴나 퇴직이란 말들이 가끔 들려왔다. 그 빈도가 점점 늘어나면서 불안해지기 시작했다. 아직은 젊다고 자부했건만,

어느 날 문득 들여다본 거울 속에서 연로하신 부모님의 얼굴이 비
쳤다. 순간 뒤통수를 한 대 얻어맞은 듯 가슴이 철렁 내려앉았다. 희
끗희끗 백발이 보이는 머릿결과, 그것을 어색하지 않게 만드는 주
름, 내가 언제 여기까지 왔나 싶어지는 것이었다. 세월에 이길 장사
없다는 세간의 말을 수긍하지 않을 수 없었다.

　나의 현주소를 확인하면서 고민이 시작되었다. 노후의 삶을 미리
준비하지 않으면 가족의 삶까지 망가뜨릴 수 있을 것 같았다. 무엇
을 어떻게 준비해야 할지 고민이 깊어질 때쯤 연수에 참여할 기회
가 생겼다.

　교육을 받은 대로 모두 실천할 수는 없을 것이다. 하지만 무엇을
해야 하고, 어떻게 살아야 할지에 대한 마음의 정리는 할 수 있었다.
최소한 뒷방 늙은이 취급은 받지 않을 자신이 생겼다. 막연한 두려
움이 걷힌 기분 탓인지 귀가하는 발걸음이 한결 가벼웠던 것 같다.

　은퇴란 자연스레 찾아오는 인생의 한 주기다. 퇴직했다고 하여
인생이 끝나는 것이 아니라는 말이다. 이름 하여 100세 시대. 흔히
말하는 노후의 황금기가 6,70대라고 한다면 이제부터 시작이라는
말이기도 하다. 갑자기 생기게 될 여유 있는 시간을 잘 활용해야 할
것 같았다.

　우선, 그간 부실했던 남편의 자리에 충실하기로 했다. 재취업, 자
기 계발 등 내 삶의 주체가 되기 위한 시간도 중요하지만, 아내와 더
불어 노년을 즐길 수 있는 계획에 더 많은 시간을 할애하기로 마음
을 다졌다. 물론 아내의 동의가 먼저이겠지만.

차분해진 마음으로 사무실의 책상을 정리했다. 지금까지 걸어온 길은 그립다고, 미련이 남는다고 하여 다시 돌아갈 수 있는 길이 아니다. 개인용품을 한 보따리 싸서 돌아서는 순간, 나는 또 다른 세상에 첫발을 내딛는 것이다. 이제부터 새로운 삶이 펼쳐질 거라며 어깨를 곧추세웠다. 그날, 퇴직이란 굵은 선 하나가 과거와 미래의 경계선처럼 그어졌다.

3개월이 지난 어느 날이었다. 그즈음 나는 알람시계를 버리고 그날그날 기분에 따라 일어났다. 공식처럼 나를 꿰고 있던 시간을 벗고 조금은 느슨하게 지내고 싶어서였다. 몸의 방심에 발맞추듯 새단장을 위해 필요했던 다짐들도 점차 퇴색되고 있었다. 느지막이 일어나 소파 등받이에 몸을 기대고 TV 리모컨을 만지작거리며 시간을 보내는 중이었다. 이리저리 채널을 넘기는데 눈이 번쩍 뜨이는 장면이 나를 일으켜 세웠다.

모 방송국에서 연예인과 댄스스포츠 강사가 짝이 되어 댄스 공연을 보여주는 프로그램이었다. 경쾌한 음악이 활력을 줄뿐더러, 현란한 몸놀림을 볼 때 운동량도 꽤 될 것으로 보였다. 평소에는 엄두를 내지 못할 것 같은 화려한 복장은 보는 즐거움이 있었다. 무엇보다 주변의 문화센터 등에서 강좌를 개설하고 있어 배우기도 편할 것 같았다. 무릎을 쳤다. 결국, 우리 부부는 나란히 수강 신청을 했다.

댄스는 정신 건강에 좋고, 치매 예방에도 효과가 있다고 하니 금상첨화였다. 외국 영화에 자주 등장하는 파티의 한 장면처럼, 우리 부부도 플로어를 빙글빙글 돌며 왈츠를 출 거라는 상상만으로도 가슴이 벅차올랐다. 그러나 과정은 생각처럼 만만치가 않았다.

왈츠는 남녀 간의 절묘한 조화를 요구하는 춤이다. 순서만큼이나 파트너와의 호흡이 중요하다. 동작이 늘어나고 기술이 어려워질수록 우리 부부는 내가 맞느니, 네가 틀렸다느니 티격태격했다. 삐거덕거리면서도 용케 합슴을 맞추어 가는 것이 지나온 여정과 닮은 듯했다.

함께한 사십여 년 동안, 나는 여러 지점에서 돌출 행동을 했다. 좌충우돌 합을 깨뜨리고, 호흡을 빼앗아 고통을 주는 일이 다반사였다. 억장이 무너지는 아픔 속에서도 가정이란 플로어를 지키기 위해 노심초사해 온 아내다. 인생 후반기를 맞아 부부의 정을 돈독하게 하자는 의도였는데 이번에도 아내의 마음을 다치게 한다는 각성이 들었다. 혹여 가깝다는 이유로 예의 없이 대해도 된다는 의식이 잠재되어 있었던 것은 아닌지 되돌아보게 되었다.

그렇게 한 걸음 물러서다 보니 다툼이 줄어들었고, 재미도 배가되었다. 생활 방식에 변화가 생기니, 집에서 무의미하게 보내는 시간도 사라졌다. 평소 들쭉날쭉하던 아침 기상 시간도 일정해졌다. 집 안 청소나 설거지, 분리수거 및 음식 쓰레기 처리를 자청해서 거들고 나섰다.

가화만사성이라던가. 마음이 편안해지고 짜증을 내는 일이 줄어드니 스트레스도 줄어들었다. 자연스레 건강관리도 잘되고 있다. 매주 만나는 동호인들과 신세계를 경험하기도 한다. 드레스 전문점에서 아이 쇼핑을 하거나, 댄스 대회를 찾아 시간을 보내는 일도 자주 있다. 안팎으로 긍정적인 일이 많아지는 것은 왈츠가 삶의 변화를 가져다준 덕분이었다.

황혼 이혼이라는 단어가 낯설지 않은 요즘이다. 나이가 들어갈수록 더 많이 배려하고 더 많이 존중해야 한다는 것을 춤을 통해 배우는 중이다. 인생 제2막, 왠지 실감 나지 않았던 단어에도 이제는 편안해졌다. '날마다 오늘이 남은 내 생의 첫날'이라며 열심히 살고 있다.

춤도, 쉼도, 아내도 아껴가며 버무려 사는 삶이, 내 인생의 왈츠다.

삶은, 계란

알람 소리에 눈을 뜬다. 새벽 갓밝이에 나를 두드려 깨우는 무미건조한 알람을 기계적인 손놀림으로 눌러 끈다. 혹여나 아내가 잠에서 깰까 봐, 양상군자 같은 몸놀림으로 조심스레 침상을 벗어난다. 비몽사몽 중인 정신을 깨우려 기지개를 켜 보지만, 몸은 좀체 활력을 찾지 못한다. 천근만근인 눈꺼풀은 아슴아슴한 상태. 눈곱도 떼지 못한 고양이 세수로 식탁에 앉는다.

오래된 아침 식습관은 토마토 하나와 사과 반쪽이다. 새벽 출근이 시작된 이후로 삶은 계란 두 알이 추가되었다. 영양소를 골고루 갖춘 완전식품이라 준비하는 모양이지만, 나는 평소 삶은 계란을 그다지 좋아하지 않는다. 껍질을 벗기면서도 먹기 싫다는 생각이 먼저 드니, 시각적 심상心象이나 미각적 풍미가 있을 리가 없다.

계란 특유의 비릿한 냄새 때문에 코가 먼저 찡그려진다. 손끝을 통해 전해지는 미끌미끌한 감촉은 식욕을 떨어뜨린다. 혀도 그다지 반가워하지 않는 눈치다. 큰 들숨과 함께 한 모금 물을 마셨더니 더욱 역해진 냄새 때문에 식도까지 문을 걸어 잠근다. 소금이나 김치 등을 곁들이면 조금은 나아지겠지만, 염분이 혈압에 좋지 않다며 금지령이 내린 지 오래다. 까칠한 입안에 욱여넣은 계란을 숫제 잇몸으로 으깨다시피 해서 넘긴다. 내가 아침마다 겪어야 하는 고충이다.

오랫동안 몸에 익은 기상 시간은 7시쯤이었다. 나이가 들면 새벽 잠이 없어진다고들 하는데 나의 경우는 해당되지 않는다. 취침 시간이 늦어 그런가 하여 일찍 잠자리에 들어보기도 했지만, 늘 그즈음이 되어서야 눈이 떠졌다. 달콤한 잠을 물리치고 일어나다보니 생체 리듬이 깨어지면서 생기는 문제가 한둘이 아니다.

어둑새벽 출근에 적응하지 못한 상태의 하루하루가 고난의 연속이었다. 잠을 이기는 장사 없다는 말처럼 수개월이 지났건만 여전히 악전고투 중이다. 그러는 동안 나의 몸이 먼저 반응했다. 별다른 다이어트를 하지 않았건만, 몰라볼 정도로 아랫배가 쏙 들어가 허리가 줄어들었다. 바지가 헐거워 허리춤을 잡고 걷거나, 허리띠의 구멍을 두 단계나 줄여야 그나마 흘러내리지 않는다. 얼굴도 수척해졌는지 까칠하니 노랑꽃이 피었다. 평소에도 넉넉하지 않아 볼품없던 외양이 더욱 말라깽이같이 왜소해 보인다.

좋은 말로 얘기하면 날씬해졌고, 나쁜 표현으로는 살이 빠졌다. 아내는 당뇨 때문이 아닐지 의심한다. 음식 조절을 못 하는 남편이

자기 눈을 벗어난 식사 때문에 병을 키우고 있지 않나 걱정이 되나 보다. 나름의 건강 챙기기 처방으로 식탁 위에 계란을 삶아 놓는 것이다. 그것이 진정 나를 생각한 것인지, 바지를 다시 장만해야 하는 번거로움 때문인지 세세히 알고 싶지는 않다. 정성으로 삶아서 차려 놓은 성찬에, 감히 맛을 운운하랴. 그저 흥감한 마음으로 먹는 셈이다.

이른 꽃 소식이 여기저기서 들려오던 올해 초. 무료함을 달래느라 거실을 어슬렁거리다, 창밖의 철쭉꽃을 보고 있었다. 휴대전화 벨 소리에 게으른 몸짓으로 전화를 받았다. 퇴직한 후에 나에게 도움을 준 반가운 분이었다. "실장님, 요즘 어떻게 지내고 있습니까?" 함께 일할 때 내 직책이 실장이었다. "뭐 하긴요. 소일거리 찾고 있습니다." 그렇게 연결된 새로운 직장은 건설 현장의 안전 담당이었다.

요즘의 건설 현장은 안전을 빼고는 얘기할 수 없다. 크고 작은 사고가 빈번하게 발생하다 보니 책임의 한계를 예전보다 폭넓게 적용한다. 강화된 제도에는 현장의 책임자는 물론, 사측의 최고위층 경영자까지로 확대해 책임을 묻고 있다. 그래서일까, 인지 능력이 떨어지는 고령자는 잘 뽑지 않는다. 간혹 60대 중반 이후의 근로자 한두 분이 오기도 하지만, 대부분 숙련공 관련 직종이다. 단순 노무 종사자는 하루 이틀 일하다 사라진다. 나 또한 근무할 나이를 한참 지나 입사에 난관이 있기는 했다. 그나마 현장 투입 인력이 아닌 사무실 근무 요원이라는 명분으로 눌러앉게 되었다.

내가 담당하는 분야는 토목과 관련된 일이었다. 그동안 경험하지 못한 일이라 그런지 모든 것이 생소하여 정신적으로 녹록하지 않았다. 주변 환경이나 용어들은 보지도 듣지도 못한 내용이었다. 현장에 투입되는 장비뿐만 아니라, 그에 따른 부속품은 물론 작업 도구의 명칭들도 귀에 생경했다. 그런 와중에 작업 중 일어날 수 있는 위험한 요인들을 찾아서 개선하고, 예방책을 마련해야 하니 더욱 난감한 상황이었다. 알아야 면장을 한다는 속담이 나에게 딱 맞는 표현이었다 할까.

근로자들의 대화 내용을 알아들을 수 없는 것도 고충이었다. 어디까지 진실이고, 농인지 구별이 되지 않았다. 근엄한 얼굴을 하고는 진실처럼 내뱉은 말들도 대부분 농담이었다. 참과 거짓을 가려내는 시간도 오래 걸렸다. 한마디로 내게 건설 현장은 외계인들이 살아가는 새로운 행성과도 같았다.

사정이 이러하니 하루하루가 나 자신과의 싸움이다. 이만한 직장도 감읍하니 견뎌 보자는 마음이 들다가도, 이렇게까지 힘들게 일을 해야만 하는가 하는 회의감이 나를 괴롭혔다. 두 마음의 팽팽한 줄다리기에서 한쪽 끈을 잡지 못하는 우유부단함이 체력 한계에 한몫을 한 것 같다. 만나는 지인마다 첫 인사가 건강에 관한 얘기다. 원래부터 없어야 하는 살이 이제야 제자리로 돌아왔다고 농을 하며 넘기지만 이 또한 스트레스다.

내 몸의 변화와 주변의 시선에 민감한 아내의 걱정이 높아만 갔다. 눈 뜨고부터는 손이라도 꼼지락거려야 활력이 넘치는 성격을 아는지라 출근에 동의했는데, 결과가 이러하니 당장에라도 그만두라며 성화다. 어쩌면 쉬이 그만두지 못할 것을 짐작하고, 대안으로 식탁에 변화를 줬을 것이다. 아내의 바람대로 낯꽃 피고, 통통하게 몸집이 불어나면 얼마나 좋을까마는 아직은 뚜렷한 변화가 없으니.

　겨우 한 알의 문턱을 넘고 자리에서 일어난다. 적어도 두어 시간 동안은 입안에 고인 계란 내를 견뎌야 할 것이다. 삶은 계란이든, 삶生이 계란이든, 아내가 마련해준 계란 한 알의 힘으로 거친 삶의 현장을 향해 당당히 길을 나선다.

어색한 사과 謝過

"이번 여행 때, 돈 쓰는데 뭐라 마요."

아내는 뜬금없는 말을 던진다. 나는 결혼 이후 단 한 번도 통장 관리를 해 본 적이 없다. 쥐꼬리만큼의 월급이 입금되는 줄은 알아도 어떻게 쓰는지는 항상 관심 밖이었다. 애써 알려고 하지도 않았다. 그런 나에게 한 말이니, 과거 여행 중에 불편했던 뭔가가 있어서 그러는 게 아닐까 싶었다.

우리 부부는 일 년에 한 번 정도는 여행하며 살아가고 있다. 대부분 같이 가지만, 간혹 아내 혼자서 다닐 때도 있다. 여행이란 두 다리가 튼실하고, 가슴이 뛸 때 하는 것이라는 말에 공감하면서다. 퇴직과 동시에 그 약속이 지켜지고 있으니, 십여 년 동안 아시아는 물론, 유럽 대륙 등 손가락으로 꼽을 수 없을 만큼 꽤 많은 나라를 다녀온 것 같다.

여행지에서 빠지지 않고 들어가는 일정이 쇼핑이다. 그렇다고 대단한 물건을 사는 것은 아니다. 평소 아내가 관심을 두는 것은 작고 소소한 접시나 컵, 식자재류 등이다. 그러던 중 가끔 큰 물품을 구매하려다 내 지청구 때문에 미수에 그친 일이 있긴 했다.

스위스에서 아들 선물용으로 고가의 시계를 사려다 실패한 적이 있었고, 스페인에서는 명품 가방을 구매하려다 반대에 부딪혔다. 쇼핑할 때마다 졸졸 따라다니면서 비싼 가격대에 놀라 훼방을 놓는 좀생이 남편 때문에 흥을 깨는 일이 다반사였다. 결국, 귀국해서는 국내매장과의 큰 가격 차이를 확인하고는 그때 구매하지 못한 것을 후회하기도 했다.

평소 자신을 위한 일에는 조금의 빈틈도 없는 아내다. 허투루 일을 벌이거나, 소비하는 일은 거의 없었다. 즉흥적으로 결정하지 않는다는 뜻이다. 세월이 흐른 지금에 생각해 보면, 그때의 구매욕 역시 결국은 아내 자신을 위한 것이 아니라 나를 위한 것이고, 가족에 대한 사랑 표현이었다. 그런 이력 때문인지 호주 여행을 계획하기 무섭게 선전 포고를 했을 것이다. 출발을 5개월이나 남겨 둔 시점임에도 불구하고.

여행에 관해서 아내와 내가 즐기는 방법은 판이하다. 느긋하게 주위를 넓은 시선으로 바라보고 즐기는 편인 아내와 달리, 나는 매사 다른 일행의 속도에 맞추어 좁게 움직이려 한다. 눈앞에 보이지 않으면 불안해하는 나와 반대로, 아내는 여행객이 잘 가지 않는 상점이나 생소한 골목길을 누비는 것을 좋아한다. 그 과정에서 기분 좋게 떠난 여행길에 가끔 사소한 트러블(trouble)이 생기기도 했다. 발단은 조급증과 다혈질적인 성격, 규정을 벗어난 행위를 싫어하는 내게서 시작되는 경우가 대부분이었다.

이번 여행에는 생각지도 못한 일로 고통을 주었다. 부산에서 인천 영종도 공항으로 쉽게 가는 길은 두 가지가 있다. 버스나 열차를 이용하는 방법이다. 서울에서 환승을 해야 하는 열차보다, 부산 종합버스터미널에서 바로 가는 버스를 이용하는 방편이 편리하다. 이번 사고는 스스로 완벽하다고 자신했던 내 자긍심이 만든 과오過誤였다.

여행 출발 보름 전, 인천공항 행 버스가 매번 텅텅 비더라는 사실을 생각하지 못했다. 혹시 빈 좌석이 없으면 어떡하나 하는 조급한 마음이 앞서, 일찌감치 좌석을 예매했다. 그런데 시외 우등버스가 아닌, 고속 우등버스를 검색한 것이 화근이었다. 도착지에 영종도란 지명은 없고 인천만 있었다. 인천국제공항이니 당연히 영종도를 거치는 것으로 지레짐작만 했을 뿐 조금의 망설임도 없이 일을 진행했다. 아내에게 마음의 고통을 선사한 문제의 씨앗은 여기서 발아發芽했다.

차량 소요 시간이 4시간 10분으로 안내되고 있었다. 공항의 여행사 미팅이 오후 5시라 오전 11시 출발 버스를 이용하면 넉넉할 것 같았다. 천안을 지날 무렵 자동차 사고로 30분 정도 지체되었다. 아직은 여유가 있는 상태라 느긋했다. 조금 달리다 보니 인천까지 상습 정체 구간이 나왔다. 미팅 시간은 점점 다가오고, 조급한 마음에

좌석에서 엉덩이만 들었다 놓았다 안절부절못했다.

철로 레일처럼 나란히 나 있는 옆 도로에는 차량이 거침없이 달리고 있었다. 그런데 그 도로의 이정표에서 공항을 안내하고 있는 것이었다. 뭔가 잘못되었다는 것을 직감하자 뒷덜미가 서늘해졌다. 운전기사에게 도착지를 물어보니 인천으로 가는 버스란다. 아뿔싸! 큰 사고였다. 미팅 시간이 30분이나 지났다. 버스는 고속도로 위에서 가다 서기를 반복하고, 무정한 시곗바늘은 6시를 향하고 있었다. 차선책을 찾아볼 생각은 하지 않고, 아내를 향해 여행 포기를 종용했다.

차분한 성격의 아내는 그때부터 해결사로서 빛을 발하기 시작했다. 차 안에서 방방 뛰는 나와 달리 여행사 직원과 연락을 취했다. 공항에 6시 50분까지만 도착하면 수속이 가능하다는 안내를 받은 모양이었다. 주위의 승객들에게 난감한 상황을 설명하고 인천에서 공항까지 최단 시간에 갈 수 있는 방법을 묻기 시작했다. 관건은 버스가 인천에 몇 시까지 도착할 수 있는가 하는 것이었다.

인천 고속버스터미널이 시내 외곽 고속도로 옆에 있었다. 6시 5분 도착. 두 발이 땅에 닿자마자 택시를 타고 보니 내비게이션은 6시 40분에 목적지 도착 예정이라고 자상하게 알려주었다. 그제야 안도의 한숨을 내려놓게 되었다. 10분의 여유가 너무 기뻤다. 반면, 아내에게 미안한 마음을 금할 수 없었다. 말 없는 아내의 동태를 힐끗힐끗 곁눈질하며, 내 잘못을 덮고자 주저리주저리 조금도 위로가 되지 않는 말을 늘어놓았다.

미팅 장소는 영종도공항 14번 게이트로, 건물 남단 끝 안쪽에 있었다. 간단한 설명과 동시에 수속 창구를 안내받은 시각이 6시 55분, 공항 건물 북단 끝 2번 게이트 앞으로 7시까지 가야 하는 상황이었다. 무거운 캐리어를 끌고 북적이는 인파를 헤치며 숨차게 달리기 시작했다.

5분이란 짧은 시간에 남은 거리는 천리만리였다. 중도에 아내는 뛰는 것을 포기하고 걷기 시작했다. 우선 내가 먼저 창구에 가서 기다리는 것이 나을 듯했다. 겨우 도착을 하고 보니 수속 중인 여행객 3명이 대기를 하고 있었다. 그렇게 그날의 긴박했던 출국길이 마무리되었다.

탑승구로 가는 길. 물 한 방울 삼키기 어려울 정도로 혼이 빠졌을 아내에게 미안하다는 사과謝過를 했다. 꼼꼼하지 못했던 나 때문에 몸 고생 마음고생을 한 아내에게 진심으로 미안한 마음이었다. 잘잘못을 떠나 그간은 자존심을 앞세우느라 한 번도 해보지 못한 사과였다. 주뼛주뼛 어설픈 자세로 어깨를 감싸고 다독이기는 했지만, 내가 생각해도 참으로 어색한 사과였다. 내 마음이 전해졌는지는 모르지만 다행히 아내는 큰 타박을 하지 않았다. 그런 아내에게 감읍할 따름이었다.

호주 여행 내내 철저하게 나를 죽이며 따라다녔다. 쇼핑할 때 간섭하지 말라는 포고문을 지키기 위해 눈도, 귀도, 입도 꼭꼭 여며 닫은 것은 물론이었다. 침대용 양털 카펫과 이불, 혈관 청소를 위한 건강 약품 구매에 고액을 지불하는데도 못 본 척했다. 죄다 나를 위한 것이라는 사실을 알고 있었으니 감사하는 마음만 가지기로 했다.

여행을 통해 인간이 성숙해지기도 하나 보다. 나이에 맞지 않게 철부지 같았던 나를 어른스럽게 만드는 것을 보면 말이다. 이번 여행에서는 멋진 이국의 풍경보다도 아내 덕분에 많은 것을 자학자습하게 되었다는 후기를 남겨야 할 듯하다.

부치지 못한 편지

미완성의 숫자가 어떤 수이며, 완성의 숫자는 또 어떤 수일까. 단순한 질문 같지만, 단절하고 싶어도 그럴 수 없는 것이 숫자다. 조물주에 의해 어머니 뱃속에 생명이 점지 되는 순간, 숫자는 삶의 일부분이 되고 만다. 그래서일까. 살아가며 일어나는 인간사의 길흉화복吉凶禍福 마저 숫자를 통해 근원根源을 해결하려 한다.

미완성 미재未濟의 숫자, 학문에서는 9라고 한다. 십이 되기 까지 하나가 부족해서다. 반대로 인간의 삶에서는 가장 완성에 가까운 숫자로 여긴다. 또한, 귀히 여기는 숫자이고, 많음을 나타내는 숫자이기도 하다. 중국에서는 사방팔방四方八方의 중간에 점點 하나를 찍어 아홉을 만들고 하늘이라 칭했다. 구절판, 구중궁궐, 구절양장, 구만리 앞길, 구사일생, 아흔아홉 등 완성도나 많음을 나타내는 표기가 헤아릴 수 없을 만큼 많다. 그런가 하면 손 없는 귀한 날로 쳐 이사, 혼례, 개업 시 복되고 길한 일이 있기를 바라는 기준으로 삼기도 한다.

스포츠나 종교에서는 쓰임이 없을까. 스포츠 경기 종목의 하나인 야구는 9명의 선수가 9이닝 동안 승부를 가린다. 포켓 당구에도 나인(Nine) 볼이 있고, 배구 또한 9인제가 있었다. 바둑에서는 9단을 최고 입신의 경지로 여긴다.

종교에서도 9의 의미는 작지 않다. 천주교에서는 교황이 선종을 하면 노벤디알레스(Novendiales)라 하여 아흐레 동안의 애도 기간을 가진다. 불교에서는 가장 완전한 경지, 깨달음의 극치, 부처의 공덕을 상징하는 숫자가 9다.

보석도 9월의 탄생석으로 사파이어가 있고, 경도까지 9다. 금제품은 순도 99.99%란 숫자가 표시할 수 있는 최고치이다. 은제품마저 999.9%라는 숫자가 최상을 나타낸다. 덤으로 덧붙이자면, 어느 자동차 회사가 최고로 완성된 상품이란 뜻으로 9를 넣은 차를 판매하고 있기도 하다.

동서양을 일컬어 길함을 상징하는 완벽한 행운의 숫자를 무려 세 개나 가지고 태어난 분이 칠순을 맞이했다. 이른바 '999'. 수십 년 전 TV에서 방영한 애니메이션 영화 은하철도 이야기가 아니다. 서기 1955년 단기 4288년도 소위 '쌍팔년도', 9월 사파이어 달에 강도 9를 자랑하며 태어난 귀빈貴賓이다.

9월 9일 9남매의 막내로 태어나면서 999란 숫자를 가졌으니, 일평생 최상의 행복을 누리며 살아야 했다. 장모님의 태몽마저 이를 뒷받침 한다. 아주 큰 사과나무에 주렁주렁 달린 붉은 사과 중 유난히 큰 사과 하나를 따서 품에 넣은 꿈을 꾼 후 태어난 공주다. 옛날 말씀에 좋은 태몽을 꾸고 태어난 아기는 귀한 사람이 된다고 했다.

하지만, 현실은 그렇지 못했다. 아내의 어릴 적 꿈이 과자 공장 사장이었는데, 근처에도 가보지 못했다. 미군 부대에 근무했던 오빠가 가져오는 건빵이나, 초콜릿 맛을 본 후 생긴 꿈이지만, 정말로 그 꿈은 일장춘몽―場春夢이 되고만 셈이다. 태몽에 걸맞은 귀인 대접은 고사하고, 국가의 녹을 먹는 가난한 공무원을 낭군으로 만나 고생만 무지 하며 살았다.

소갈머리 없는 남편. 가정에 풍파만 일으켜 가슴에 무시로 압정을 뿌려대는 사고뭉치. 아이들에게까지 무관심으로 일관했으니 집안이 편안할 리가 있었겠는가. 아내의 희생정신이 없었다면 지금의 가정은 없다. 두 아들이 잘 자라 준 것이나, 날 닮지 않은 것이 고맙다. 나를 나답게 살 수 있도록 참고 인내해 준 것 또한 더없이 고마울 뿐이다.

칠순을 넘긴 지금, 남은 삶이 얼마가 될지 모른다. 알콩달콩 사는 것이 태몽의 의미였다는 것을 보여주자면, 내 의견만을 고집하는 옹고집, 걸핏하면 버럭 대는 성격을 고쳐야 한다. 모든 것이 내 마음의 수양과 결부될 것이다.

아내의 칠순에 이 편지를 쓴다. 아직도 쑥스러워 편지지에 쓰지 못하고, 가슴에 꾹꾹 눌러 쓰다 보니 부치지 못했다.

국화 향기 그윽한 시월 십일일(음력 9월 9일)
고희를 맞는 당신, 따뜻한 마음으로 축하합니다.

사십오 년이란 긴 세월 동안 얼마나 인내했으면
반질반질 윤기나던 검은 머리카락에
하얗게 서리가 내렸을까요.
하루에도 몇 번씩 거울 앞에서 한숨 짓다가
몽땅 물들이는 모습에 괜스레 코끝이 찡합니다.

맑고 투명한 큰 눈 주위에 늘어나는 주름살을 보면서
그래도 친구들보다는 젊게 보인다며
스스로를 다독이는 모습을 볼 때마다
고생만 시킨 것 같은 죄스러운 마음에 가슴도 아팠습니다.

우리가 산다는 것이.
살아온 흔적들이 고생만 있는 것은 아니지 않습니까.
당신을 닮은 든든한 두 아들이 버팀목이 되어 주고
당신이 좋아하는 며느리도 함께하지 않는지요.
무엇보다 당신 목숨같이 귀중하게 여기는 손자까지 있으니,
생각 없는 남편이라도 곁에서 바람막이가 되어 준다면
살아 볼만한 세상이 아니겠습니까.

덧없는 이야기 같지만,

남은 시간은 건강하게 큰 욕심 없이 살아 달라 부탁합니다.

나 또한 늦었지만,

당신만을 위하며 살아갈까 합니다.

다가올 날들도 별로 달지 만은 않겠지만

9순九旬까지 살아봅시다.

그때는 큼직한 글씨로 부치는 편지를 쓰겠습니다.

당신의 70회 생일을 진심으로 축하합니다.

2부
삶을 걷다

이인삼각 경기라는 인연의 끈을 묶은 채
삶이라는 길 위에서 수없이 넘어지고, 부서지고, 깨어지기도 했지만,
나를 부축해서 일으켜 세우고
제자리로 돌아오기까지 기다려 주는 일은 늘 아내의 몫이었다.
지긋지긋했던 삶이 평온을 찾아간다 싶은 시점에
또다시 아내를 끌어들이려 하고 있으니 참 염치도 없다.
하지만 나에게 이만큼 적격인 사람이 어디 있을까.

워낭소리를 앓다

오래전, 처음 구입한 차를 길들인다는 핑계로 여러 곳을 여행하던 중이었다. 그날은 청도읍을 지나 창녕으로 향하고 있었다. 길가에 펄럭이는 소싸움 홍보 현수막과 행사장을 알리는 이정표가 아련한 그리움을 몰고 왔다. 결국, 차창을 넘어오는 함성을 외면하지 못하고 자계서원 앞 서원천 둔치에 차를 세웠다.

우주牛主에 이끌려 청문과 홍문으로 모습을 드러내는 도림처사桃林處士들은 어릴 적 기억 속의 소가 아니었다. 우람하고 육중한 외양에서 느껴지는 느릿한 이미지와는 달리, 표범과 같은 민첩함을 가지고 있었다. 맹렬하게 맞부딪쳤다가 은근슬쩍 물러나며 상대를 탐색하는 눈초리도 예사롭지 않았다. 앞발이나 뿔로 모래를 긁거나 파헤치며 자신을 통제하는 영민함도 있었다.

우직하게 힘으로만 밀어붙일 줄 알았다. 그런데 머리 치기의 단순한 공격을 시작으로 뿔 치기, 밀치기, 목 감아 돌리기, 주둥이 들치기 등의 기술을 구사하는 걸 보면서 감탄이 절로 쏟아졌다. 누가 소를 우둔하다고 말했는지, 그 순간만은 결코 수긍할 수 없었다.

예로부터 인간과 떼어놓을 수 없는 동물 중의 하나가 소였다. 농업을 주로 하던 시대에는 집안의 충실한 일꾼이자 재산목록 1호였다. 한 집에 사는 식솔이란 뜻으로 생구生口라고도 할 만큼 귀한 대접을 받았다. 논밭을 경작하는 일은 물론, 거둔 곡식을 저장하고 팔기 위해 운송하는 일도 도맡다시피 했다. 그러다 큰 목돈이 필요할 때는 주인의 어려움을 타개해 주는 희생도 마다치 않았다.

우리 집도 예외는 아니었다. 가을이 다가오면 어머니는 부룩소 한 마리를 들여놓곤 했다. 어미를 떠난 송아지는 며칠간 이리저리 천방지축으로 날뛰었다. 웬만큼 적응되었다 싶을 시기에 코뚜레를 채워 성인식까지 치렀다. 어머니는 목에 놋쇠로 된 워낭을 매달아 송아지의 존재를 수시로 확인하며 애지중지하셨다. 집안의 중요한 수입원이 될 귀하신 몸이니만큼 쏟는 정성도 지극했다. 자식에 버금갈 정도였다.

가을과 겨울 동안 아침저녁으로 쇠죽을 쑤는 일은 가족의 상차림보다 우선이었다. 짚과 콩깍지, 쌀, 보릿겨, 시래기…, 소가 좋아할 만한 재료를 넣어 끓이면 마당으로 구수한 냄새가 등천했다. 여물통을 그득 채운 성찬을 단숨에 먹어 치운 소도 미식가처럼 오랫동안 되새김질을 했다. 이삼일에 한 번씩 마구간 청소는 물론 깨끗한 짚을 깔아 쾌적한 잠자리를 제공하고, 가는 철사가 촘촘히 박힌 솔이나, 모지랑이 대나무 비로 그 큰 덩치를 구석구석 빗겨주는 일도 거르지 않았다. 그럴 때면 소도 어머니가 좋아하는 워낭소리를 사방으로 풀어놓곤 했다.

정성에 대한 보답인지, 봄이 되면 부룩소는 튼실하게 살이 오르고 누런 황소로 거듭났다. 그때쯤이면 어머니의 얼굴에 한껏 여유가 묻어나곤 했다. 찔레꽃 머리가 다가오면, 우시장에 황소를 팔아 전대纏帶를 불룩하게 채울 요량에 행복해하셨을 것이다. 애초 수송아지를 들인 목적이 목돈 마련이었으니 얼마나 흐뭇하셨을까.

산천이 초록으로 물들고 아지랑이 피어나는 봄날의 오후가 되면 온 마을이 시끌벅적했다. 방과 후에 아이들이 소를 몰고 산이나 들로 나가 꼴을 먹이기 위해 한바탕 소란이 일어나기 때문이었다. 그런 친구들의 행렬에 동참하고 싶어 며칠을 졸랐으나 어머니는 허락하지 않았다. 그럴수록 나는 더 가고 싶었다.

어느 날, 어머니가 집을 비운 틈을 이용해 황소를 몰고 집을 나섰다. 뚜벅뚜벅 걸음을 옮길 때마다 목에 걸린 워낭의 청아한 소리가 나를 신바람 나게 했다. 처음으로 집 밖을 구경하는 소도 한껏 상기가 된 것 같았다. 우리는 어깨를 으쓱이며 보무도 당당하게 들판에 입성했다.

사달은 그때부터 시작되었다. 얌전히 꼴만 먹을 줄 알았는데, 우리 우공牛公께서는 엉뚱하게도 암소 뒤만 쫓아다녔다. 그러다 마주치는 다른 황소들에게는 싸움을 걸었다. 고삐를 당기며 말려보았지만, 황소의 힘이 보통 힘인가. 열두 살 아이의 완력으로는 언부족,

그만 오른팔이 탈골되는 사고를 당하고 말았다. 어찌나 아프던지 비명조차 나오지 않았다. 얼마 동안 사투를 벌였을까. 해가 서녘으로 넘어갈 무렵 다른 소들이 집으로 향하고서야 우리 소도 수더분하게 뒤를 따랐다. 그렇게 집으로 무사 귀가를 하는 줄 알았는데, 오산도 그런 오산이 없었다.

첫 외출이었던 만큼 집으로 돌아오는 길도 초행이었던 우리 소는 암소를 따라 동네의 가가호호를 방문하는 것이었다. 나는 거의 탈진 상태라 걸음을 떼기도 어려웠지만, 그렇다고 소를 내버려두고 갈 수도 없는 노릇이었다. 어둠살이 내리기 시작할 무렵에야 겨우 고샅으로 도착할 수 있었다.

화가 잔뜩 난 어머니는 대문에서 고삐를 낚아챘다. 귀한 자식의 다친 팔은 쳐다보지도 않으시고 소를 이끌고 마구간으로 걸어가셨다. 등 뒤로 날아드는 꾸지람은 시위를 떠난 화살처럼 가슴에 와 박혔다. 소가 봄 풀 맛을 보면 여물은 먹지 않는단다. 게다가 암놈과 교배라도 하고 나면 살이 쏙 빠져 제값을 받지 못한다며 된통 혼을 내셨다. 그제야 한사코 소 꼴 먹이는 것을 허락하지 않았던 이유를 알았지만, 때늦은 후회였다.

삼십여 년이 지난 유년이 너무 생생해서였을까. 콧김을 뿜어내며 상대를 제압하는 우공들을 지켜보는 동안 힘겨웠던 그때 그 시절과 그리운 얼굴들이 아릿하게 떠올랐다. 내게 엄청난 고통을 선사했던 탈골의 기억 때문인지 멀쩡한 오른팔이 욱신거리기조차 했다.

우연이 필연이 되었던 것인지, 얼떨결에 이루어졌던 청도에서의 첫 관전 이후 벌써 수십 년째 연례행사처럼 소싸움 경기장을 찾는다. 오늘은 비가 오락가락하는 날씨인데도 제법 많은 사람이 여기저기서 목청을 높이고 있다. 싸움소들이 자아내는 역동성에 동승한 사람들의 표정은 생동감으로 충천한다.

소를 사람처럼 대하시던 어머니도, 짤랑짤랑, 워낭을 울리며 느긋하게 동네를 해찰하던 소도 기억 속에서만 선명한 오늘, 까마득한 시공을 건너 내게 당도한 워낭소리 한 자락을 향수처럼 앓는다.

앵두

앵두, 과일이라 말하기엔 너무 작지만 사랑스럽다. 탱글탱글한 짙붉은 색감으로 뭇 사람들의 마음을 설레게 하는 과일이 앵두다. 툭 건드리기만 해도 붉은 과즙을 쏟아낼 것 같은 요염한 자태만으로는 부족한지, 영롱하게 빛나는 보석 같은 묘한 매력을 감추고도 있다. 그래서일까. '앵두 같은 입술' 이라는 단어에서는 순수함과 섹시함이 동시에 떠오른다. 물론 난 섹시 부류다. 도톰하고 앙증맞은 여인의 입술이 연상되어 가슴부터 콩닥거린다. 그러고 보면 앵두는 누구나 사랑에 빠질 수밖에 없는 유혹의 힘을 가지고 있는 것 같다.

"앵두나무 우물가에 동네 처녀 바람났네."

한때 우리의 부모님께서 즐겨 불렀던 유행가 가사만 봐도 얼마나 강한 추파를 보냈는지 짐작할 것이다. 왜 앵두나무가 우물가에 있었고, 동네 처녀가 하필이면 그 앵두나무 밑에서 바람이 났을까. 물동이까지 내던지고 서울로 도망칠 정도로 유혹의 향기가 강했을까. 그렇잖아도 싱숭생숭 갈피를 놓친 처녀 마음에 봄바람이 부채질이라도 했던 것은 아닐까. 곰곰이 생각해 보니 조금은 알 것도 같다.

앵두나무는 수분이 많은 곳에서 잘 자란다. 그래서 우물가에 앵두나무를 심었지 않나 싶다. 수줍음이라는 꽃말처럼 앵두는 무성한 초록의 잎사귀 속에 속살을 감추고 남모르게 익어간다. 빨갛게 농익은 열정을 드러내는 시기는 유월 초여름이다. 앵두나무가 단 하나의 사랑을 뽐내는 유월, 만물이 생명력으로 충천하는 계절을 어찌 과년한 처녀가 그냥 넘길 수 있었을까.

하지만 지금까지 우리 동네나 다른 마을 우물가에서 앵두나무를 본 일이 없다. 그 나무 아래에서 바람난 처녀를 보거나 들은 적도 없다. 다만 재당숙 댁의 뒤뜰 옹달샘 옆에 심어진 조그마한 앵두나무와 첫 대면을 하고, 달콤한 앵두 맛에 푹 빠진 내가 봄바람이 나고 말았던 아련한 기억이 남아 있을 뿐이다.

수년 전, 지인이 운영하는 서생 배밭에서 어렴풋한 기억의 첫사랑과 대면했다. 주말마다 다닌 배밭의 울타리가 앵두나무로 단장되어 있었다. 마을 배밭은 대개 앵두나무로 둘러쳐져 있었는데, 대부분 까마득히 하늘을 가린 고목이었다. 봄이 되니 탐스럽게 열린 아름다운 열매가 가지마다 촘촘히 익어갔다. 소름끼치도록 매혹적인 빨간 자태는 나에게 사랑의 올가미를 씌워버렸다.

반가운 마음에 조강지처를 의식할 겨를도 없이 앵두나무와 덥석 포옹하고 말았다. 잎사귀 속에 보석처럼 알알이 박혀 있는 얼굴을 두 손으로 사랑스럽게 어루만졌다. 부드러운 촉감을 느끼며 입술에 붉은 멍이 들도록 격렬한 입맞춤을 했다. 달콤한 사랑의 진액이 목구멍으로 흘러들었다. 짜릿한 쾌감이 온몸을 휘감았다. 그러나 불타는 우리의 사랑도 일 년 중 하루뿐이었다. 주말에 한 번씩 농장을 찾다 보니 일주일이 지난 뒤 다시 그곳을 방문했을 때는 초록 잎사귀만 무성한 채, 나를 원망스럽게 바라보고 있을 뿐이었다.

아쉽고 미안한 마음에 어린 앵두나무를 집에다 옮겨 심었다. 가까이 두고 아껴주고 사랑해 줄 요량이었다. 아침저녁으로 상면하며 눈맞춤하고, 거름과 물을 주며 몇 해 동안 공을 들였다. 어느 해 아침, 좁쌀 같은 하얀 꽃이 잎사귀 밖으로 고개를 내밀고 있었다. 지고지순한 나의 열정에 드디어 결실로 보답해 주는 것 같았다. 앵두나무는 꽃이 핀 자리는 어김없이 열매가 맺힌다. 꽃 하나하나가 허투루 피는 것은 없다. 벚꽃이나 매화꽃이 질 무렵, 뒤늦게 꽃이 피지만 화려하지 않아도 자기 역할은 확실하게 하는 나무다. 그래서 앵두를 더욱 좋아한다.

앵두의 열정은 나 하나로는 부족했던 것일까. 또 다른 사랑의 경쟁자가 생겨났다. 연적戀敵은 내가 새벽잠이 많은 약점을 아는지, 이른 아침만 되면 어김없이 찾아왔다. 사랑하는 방법도 사뭇 달랐다. 조그마한 부리로 앵두와 톡톡 사랑을 속삭였다. 그러다 내가 일어날 때쯤이면 자취를 감춰버렸다. 은밀한 사랑의 흔적만을 남겨 놓은 채 사라져 버리는 녀석이 왠지 얄미웠다. 앵두의 고혹적인 자태도 일주일 정도가 절정이라 까치와 제법 신경전을 펼쳤다. 빼앗는 자와 빼앗기지 않겠다는 자의 치열한 싸움은 서로가 조금씩 양보하는 선에서 마무리되었다.

잠을 설치면서까지 지키고 싶어 했던 사랑도 이사를 하면서 아쉬운 이별을 했다. 눈에서 멀어지면 마음에서도 멀어진다더니, 수년째 서로의 소식을 모르는 채 살았다. 잊고 사는 데 익숙해질 무렵, 그 사랑이 다시 눈앞에 나타났다. 아마도 앵두와는 끊어낼 수 없는 전생의 인연이 있었던가 보다.

수년이 흐른 어느 날, 온천동 주택가 골목길에서 우연히 앵두나무와 마주쳤다. 처음에는 화장기 없는 얼굴이라 알아보지 못하고 지나쳤다. 초록색 잎이 나고 꽃이 필 때까지도 알아보지 못했다. 잎사귀 사이사이에 속살을 감추고 있던 파란 열매가 빨갛게 욀정을 드러낼 때쯤에야 그를 알아보았다.

한때 뜨겁게 사랑했던 그와의 추억이 되살아났다. 이번에는 어떤 사랑을 해볼까. 그와 나눌 입맞춤을 상상하며 지긋한 눈길을 주고받았다. "적당한 기회를 봐서 보쌈해갈 테니, 그때까지만 시집가지 말고 기다려라." 호시탐탐 기회를 엿보며 앵두가 무르익는 때를 기다렸다.

며칠 뒤, 퇴근길 과일 가게에 내놓은 앵두를 보면서 거사 일이 된 것을 직감했다. 입안에 고이는 군침을 삼키며 발걸음을 재촉해 골목길 만남의 장소로 갔다. 그런데 아뿔싸! 이미 가지가 휑한 것이 아닌가. 고이고이 아껴온 첫사랑을 누군가가 탈취해 가버리고 만 것이었다. 또 다른 연적이 있었던가 보다. 익은 놈들만 골라 어디론가 납치해 가고 여물지 않은 앵두만 남아 있었다. 예전의 까치와는 차원이 다른 또 다른 경쟁자였다. 아쉽지만 남아 있는 앵두라도 지켜내리라 다짐했다.

그런 나를 비웃듯, 다음날도 덜 여문 앵두가 숫자만 줄어든 채 남아 있었다. 다가가면 사라져 버리는 신기루처럼, 날마다 내 손을 비켜가는 앵두 때문에 허탈감을 안고 돌아서야 했다. 그제야 어렴풋하게 짚이는 것이었다. 행여 내가 남의 사랑을 가로채기하려 했던 건지도 모른다는.

역시 그 골목 앵두의 연인은 내가 아니었다. 앵두는 담장 옆 자투리땅의 열악한 환경에서 자기를 보살펴준 주인에게 열녀가 되어 사랑으로 열매를 바치고 있다는 것을 알게 되었다. 추억만 생각하고 사랑을 확인하려 했던 잘못된 순애보는 결국 야무진 짝사랑으로 끝나고 말았다.

어머니의 감

　빨간 홍시가 시선을 이끈다. 감잎 진 초겨울, 하얗게 속살을 드러낸 가지에 주렁주렁 매달린 감이 삭풍에 간댕이고 있다. 대자연을 캔버스 삼은 한 폭의 수묵산수화水墨山水畵라 할까. 이 순간 감은 달달하게 혀끝을 농락하는 먹거리가 아니라 어느 화가의 야무진 붓끝에서 다시 태어난 붉은 오브제 같다. 수확기를 한참 지난 섣달 중순까지도 떨어질 듯 말듯 사뭇 위태해 보이는 모양새로 나를 감질나게 만든다.

　표충사 입구 2층 카페에서 조용히 내려다보는 사전천 변의 감나무다. 세월의 더께가 덧씌워진 굵고 가는 나뭇가지가 그려내는 추상화에는 고태古態의 멋이 흐른다. 골목길을 환히 밝힌 붉은 홍시는 유등처럼 환하게 창을 비춘다. 얼음장 같은 골바람에 얼었다 녹기를 반복한 탓인가, 시들어가는 피붓결이 가칠하니 탄력이 없어 보인다.

서산으로 지는 햇살에 비친 얼굴에는 거뭇거뭇 저승꽃이 피어 있다. 기름을 소진한 홍시의 깊은 가슴에는 타다 만 심지 같은 까만 씨앗이, 옹기종기 어깨를 맞대고 있었다. 어미 새를 기다리는 새끼가 뾰족 주둥이를 내민 모습이 그와 같을까. 창밖으로 손을 내밀어 잡아보려 하지만 한 뼘 정도 모자란다. 허리를 곧추세워 끙끙대다 어릴 적 사고가 생각나 포기를 한다.

여남은 살 무렵이었다. 아버지를 따라 벌초하러 다녀온 여섯 살 위의 형님이 원인 모를 병으로 시름시름 앓았다. 약국도 없는 시골 마을이었다. 수십 리 길을 걸어간 후, 버스를 타야 의원이 있는 읍내로 갈 수 있어 하루하루 자연 치유를 기다릴 뿐이었다.

그날은 방안이 답답했던지, 형님은 선선한 바람을 쐬려 마루에 나와 누워 있었다. 가벼운 바람결이 마당 모퉁이에 있는 감나무 잎을 흔들었다. 그때, 평소에는 잎에 가려 보이지 않던 홍시 하나가 형님의 눈에 띈 모양이었다. 빨갛게 농익은 홍시에 갑자기 입맛이 당겼는지, 형님은 내게 홍시를 좀 따달라고 했다. 겨우 미음만 삼키던 형님의 말이 반가워 감나무 밑으로 단숨에 달려갔다.

우리 집 감나무는 언제 심었는지 모를 고목이었다. 가지도 무성했지만 높이도 만만찮았다. 사랑채의 소 외양간 곁에 있어 나무 옆에는 항상 두엄이 쌓여 있었다. 평소에 사용하는 장대를 감나무 가지에 걸쳐 놓고, 두엄을 이용해 사라호 태풍에 부러져 나간 가지에 올랐다.

내 키의 서너 배가 훨씬 넘는 장대를 힘겹게 들어 올렸다. 하필이면 홍시가 까마득한 꼭대기에 매달려 있어서 까치발로 안간힘을 써도 겨우 닿을 듯 말듯 했다. 삐질삐질 땀을 흘리며 애를 썼지만, 생각처럼 쉽지 않았다. 그렇게 홍시와 씨름을 하느라 내가 얼마나 위험한 상황인지 몰랐다.

때마침 어머니가 물동이를 머리에 이고 고샅 어귀를 들어서고 계셨다. 우리 집 담장을 지나 대문을 막 들어설 무렵, 쿵 하는 둔탁한 소리와 함께 내가 어머니의 시야에서 사라졌단다. 짧은 비명만 남겨 놓은 채. 물동이를 내동댕이친 어머니가 달려오는 것이 꿈결인 듯 아련하게 보였다.

참을 수 없는 가슴 통증과 함께 희미해지는 의식 속으로 다급한 말들이 오가고 있었다. "아지매, 쌀뜨물을 빨리해 오이소.", "아, 해봐라 물이다." 아득히 몽롱해진 상태에서 입속으로 차가운 액체가 흘러들어오는 것이 느껴졌다. 잠시 후 정신을 차리고 눈을 뜨자 흙빛으로 사색이 된 어머니의 얼굴이 보였다.

떨어진 곳이 맨땅이 아니라 쌓아놓은 두엄자리 위라서, 그야말로 천운이라고 어른들은 입을 모았다. 빗장뼈는 어긋났지만, 다행히 머리를 다치지 않아 생명은 건진 셈이었다. 형님에 이어, 나까지 나란히 마루에 누워 어머니의 손길만 바라보는 어린 새가 되었다.

아들의 끔찍했던 순간을 생각하면 감에 넌더리가 날만도 하건만, 어머니는 여름 한 철 수시로 떫은 생감을 드셨다. 집안일을 할 때나, 마실 온 이웃분들과 놀다가도 틈틈이 드셨다. 옆에는 항상 왕소금 그릇이 놓여 있었다. 감을 한 입 물고 몇 번 씹다가 소금 몇 알을 털

어 넣으셨다. 감즙 삼키는 소리가 맛깔스럽게 들려 침이 절로 넘어
갔다.

떫디떫은 감은 삶의 무게를 견디기 위한 몸부림의 주전부리였을
까. 한 가정을 온전히 지킨다는 것은 어머니 몫이었다. 몇 마지기 되
지 않는 농토였지만 혼자 힘으로 일구어야 했다. 가슴 깊숙이 담아
놓고 곰삭기를 기다리는 어린 자식들마저 눈을 껌벅이며 배고픔에
칭얼거렸다. 견디기 힘든 고단한 삶이었지만 떫다고 버리지 못하는
감이었지 싶다.

다섯 남매가 크고 튼실한 감이되고, 달콤한 곶감이 되어 누구에
게나 사랑받는 사람이 되기를 바랐을 것이다. 그러나 어머니는 자
식들이 성공한 모습을 보지 못했다. 어머니가 살다 가신 세월보다
십여 년을 훨씬 넘게 살고 있는 지금에서야 그때 드신 떫은 감의 의
미를 조금은 알 것도 같다.

떫은 생감과 함께 먹은 소금의 짠맛은, 크고 작은 근심을 삼키는
촉매제 역할을 했을 것이다. 간혹 목에 걸리기라도 하면 주먹을 불
끈 쥐고 가슴을 두드리며 소금 한 알을 더 집어서 입안으로 털어 넣
던 모습은, 어머니의 가슴에 멍울이 하나 더 생기는 전조였지 싶다.

모전자전인지 나도 다른 과일보다 감을 좋아한다. 냉동실에 곶감
이나, 홍시를 가득 얼려 두었다가 이듬해 여름까지 두고두고 먹는
다. 그렇다 해도 가끔 생감이 그리워질 때가 있다. 문득문득 되살아
나는 그 옛날 어머니의 감, 씹고 씹다 보면 끝내는 은근한 단맛이 올
라오기도 하던 떫은 생감이….

삶을 걷다

  동백섬 남단에 위치한 전망대다. 나는 연신 바람을 호흡하며 이마에 맺힌 땀을 식힌다. 한나절을 걸어왔는데도 출발지에서 나를 배웅했던 오륙도五六島가 손에 닿을 듯 지척에서 반긴다. 그 옆, 기암괴석으로 아름다운 이기대 또한 석양을 머리 위에 올려놓은 채, 석굴암 본존불상처럼 근엄하게 바다에 정좌해 있다.

  빤한 길이라 생각했지만 빤하지 않았다. 숱한 오르막과 내리막을 만났고, 돌부리에 발이 걸어차이기도 했다. 바윗길을 곡예 하듯이 걷는가 하면 자갈밭을 지나기도 했다. 가끔 거친 숨을 고를 때마다 힐끗힐끗 지나온 길을 돌아보는 노루와 같은 보행이었다. 그렇게 걸어온 갈지之 자 행보가 하루하루를 굴곡지게 살아온 내 삶과 닮아 있었다.

  몇 년 전 퇴직을 하고 보니 갈 곳이 없었다. 딱히 소일할 만한 놀이도 취미도 갖지 못한 처지였다. 다복하게 한 가정을 이루었다고 생각했는데, 어느새 아내와 둘이 덩그러니 남아 있었다. 후줄근한 호주머니에는 희끗한 세월만 그득한 것이 나의 현주소였다.

오로지 나만을 위한 한 줌의 쉼터도 마련하지 못했다는 후회가 밀려왔다. 늦게나마 남은 삶을 요란스레 채색하는 그림을 그려보고 싶었다. 한 폭, 두 폭 나만의 그림을 완성해 나가는 꿈, 부족했던 부문을 채워보고 싶은 욕망, 그것과 더불어 양질의 삶을 꾸려가기 위해 무언가를 해야겠다는 생각이 들었다.

그즈음 전국에 걷기 열풍이 불었다. 정신과 육체의 건강은 물론 삶의 행복도 함께 원하는 '네오 웰빙(neo well-being)'이 화두가 되면서 자연히 걷는 사람들도 늘어났다. 때를 같이하여 주변 지인 중에 해파랑길을 걷는 분과, 낙동강 줄기를 따라 걷는 분이 있었다. 크고 작은 난관을 극복해 가며 목표한 지점까지 완보하는 열정에 존경심이 들었다.

내 마음속에도 바람이 불기 시작했다. 단순히 일시적으로 스쳐 가는 현상이라 생각했는데, 좀체 잠잠해질 기미가 보이지 않았다. 시간이 지날수록 걸어보겠다는 미풍이 나도 해파랑길을 완보해 보자는 태풍으로 변했다. 드디어 어느 날, 가벼운 배낭 하나 짊어지고 훌쩍 집을 나섰다.

5월 1일, 근로자의 날을 맞아 첫 번째 발걸음을 뗐다. 버스를 탄 후에야 기본 준비가 미흡하다는 것을 깨달았다. 트래킹화가 없어 운동화를 신고 있었다. 배낭도 오래전, 조깅할 때 메던 작고 낡은 것이었다. 생수도, 간식거리도 준비하지 않았다. 내 몸 하나와 수첩 한 권, 볼펜 한 자루에 해파랑길 안내지도 한 장이 채비의 전부였다. 마음만 앞선 탓인지 초보 티가 철철 넘치는 엉성한 차림이었다.

오륙도에서부터 긴 여정을 시작했다. 해파랑길은 동해의 떠오르는 해와 푸른 바다를 길동무 삼아 함께 걷는다는 뜻이다. 부산에서 시작하여 강원도 고성 통일전망대까지 초 광역적으로 조성되어 있다. 총 연장만 770킬로미터로 50개 구간을 잇는 길이다. 하지만 내가 그 길을 선택한 것은 남에게 없는 특별한 의미가 하나 더 있어서였다.

호는 근재, 시호는 문정공이신 안 축이라는 분이 순흥 안 씨 6대조 할아버지가 되신다. 1330년에 강원도 존무사로 부임하여 『관동와주』, 『관동별곡』, 『죽계별곡』을 지은, 나의 직계 선조다. 삼척 죽서루와 양양 낙산사, 강릉 경포대, 평해 월송정 등 관동 8경을 노래했다고 역사는 기록하고 있다. 28대 후손인 내가 690여 년을 거슬러 할아버지가 남겼을 발자취를 찾아보겠다며 거보를 내디뎠던 셈이다.

동백섬 전망대에서 힘든 하루 일정을 마무리하는 순간, 희열과 쾌감이 밀물처럼 밀려왔다. 비록 출발은 어설펐지만, 한 구간을 완주했다는 성취감은 자못 큰 울림으로 다가왔다. 완보한 자만이 누릴 수 있는 진한 감동의 여운이 나를 넘실거리게 했다. 두 팔을 벌려 가슴을 열고는 승자의 포효를 원 없이 질러보고 싶을 정도였다. 다만 한 가지 아쉬운 점은 그 환희를 함께해 줄 이가 없다는 사실이었다.

길을 걷든, 삶을 걷든, 동행이 없다는 사실은 외로운 법이다. 혼자
보다는 둘이 함께 나누면 기쁨도 두 배가 될 것 같았다. 남은 길이
달콤하다고 장담할 수는 없겠지만, 오랜 시간 삶의 동반자였던 아
내가 동무가 되어 준다면 금상첨화가 아닐는지.

나의 오늘은 아내가 있었기에 가능했다. 어느 길로 가야 할지 방
황하던 인생길의 첫 삼거리 정류장에서 목이 긴 여인을 만났다. 마
음을 줄 만한 구석이라고는 찾아볼 수 없는 키 작은 남자를 엉뚱한
생각으로 구제했단다.

매번 똑같은 차림의 후줄근한 모습에 애처롭고 애틋한 마음을 가
진 것이 제 발등을 찍은 꼴이라 했다. 가무잡잡한 남자의 얼굴만큼
까맣게 때가 묻은 와이셔츠 소매 끝. 같이 살며 깨끗하게 세탁해 주
고 싶은 모성애가 원수였다고 이제 와서 너스레를 떨고 있지만, 그
선택 때문에 와이셔츠 세탁을 넘어 몸에 밴 망나니 근성까지 세탁
해야 했으니.

천사를 곁에 두고도 숱한 풍파를 몰고 다녔다. 괴롭고 힘들 때 함
께해 주고, 비바람이 불고 눈보라가 칠 때도 함께하며 살아가는 것
이 부부라 했거늘, 나는 단 한 번도 따뜻한 바람막이가 되어 주지 못
했다. 그럼에도 불구하고, 웨딩마치에 발맞추던 순간부터 지금까지
희로애락을 함께 견디며 어깨를 내어준 사람이다.

이인삼각 경기라는 인연의 끈을 묶은 채 삶이라는 길 위에서 수
없이 넘어지고, 부서지고, 깨어지기도 했지만, 나를 부축해서 일으

켜 세우고 제자리로 돌아오기까지 기다려 주는 일은 늘 아내의 몫이었다. 지긋지긋했던 삶이 평온을 찾아간다 싶은 시점에 또다시 아내를 끌어들이려 하고 있으니 참 염치도 없다. 하지만 나에게 이만큼 적격인 사람이 어디 있을까.

인생 2막을 여는 시간, 앞길이 얼마나 남았는지 모르는 길이다. 지금까지 그러했듯 서로의 끈을 놓는 순간까지 같이하자고 매달려 볼 심산이다. 마음 여린 아내가 첫 삼거리 정류장의 선택처럼, 두 번째의 삼거리에서도 흔쾌히 내 손을 잡아주지 않을까. 무슨 자신감인지, 집으로 귀가하는 발걸음이 가볍다.

회갑, 철들 무렵

출근길에 둘째로부터 전화를 받았다. 환갑을 축하한다는 인사다. 막상 주인공인 나는 오늘이 내가 세상을 구경한 날인 줄도 모르고 있었다. 아침 끼니로 과일 한 조각을 먹고 출근하였는데, 육십갑자를 기념하는 날이었나 보다. 평소 내게 조금도 소홀함이 없는 아내이건만, 오늘 같은 날 따뜻한 미역국 한 그릇도 준비하지 않았다니.

환갑이란 천간天干에 지간支干이 돌고 돌아 처음의 갑자甲子로 돌아온다는 뜻이다. 하루하루가 누군가에게는 기념일이 되겠지만, 그저 그런 날도 의미를 부여해 놓고 보면 뜻깊은 날이 될 수 있다. 하물며 청년, 장년기의 황금시대를 지나 초로初老의 경계가 되는 날인데 평범할 수야 없지 않겠나 싶어 은근히 섭섭한 마음마저 든다.

옛 문헌에 의하면 환갑은 회갑, 갑년, 화갑 등 다양한 명칭으로 불린다. 평균 수명이 짧았던 시절에는 예순한 살이 되는 해의 생일을 인생의 크나큰 경사로 여겼다고 한다. 자식들은 마을 사람들을 초청해 놓고 크게 잔치를 베풀며 부모님의 장수를 경하했다고 하는 기록이 남아 있다.

바야흐로 백세 시대. 고희연古稀宴도 건너뛰고 팔순연八旬宴으로 대체하는 세태다. 예순은 명함도 못 꺼내는 분위기다. 그런데 나는 삼시 세끼 밥상을 꼬박꼬박 받으면서도 미역국 한 그릇에 호들갑을 떨고 있다. 하늘에 거처하고 계실 아버지께서 내려다보시면 무라고 하실까. 머리 허연 세월을 뒤집어쓰고도 여전히 철딱서니 없는 아들을 향해 혀를 끌끌 차고 계시지는 않을는지.

삼십여 년 전 계해癸亥년, 어머니는 가을이 지나가기 바쁘게 아버지 회갑연 준비를 하셨다. 시장 나들이를 할 때마다 한복집을 드나들며 옷감을 고르셨다. 한복과 두루마기는 물론 중절모자까지 완벽한 의관을 장만할 것이라 하셨다. 당신의 기억 속에 남아 있을 아버지의 청춘, 그 멋진 풍채를 재현해 보고 싶으셨는지도 모른다. 다른 것은 차치하고라도 한복만은 꼭 해드려야 한다는 말로 못을 박곤 하셨으니.

대사를 앞둔 어머니의 진두지휘는 꼼꼼하게 이어졌다. 집이 좁아 많은 분을 모실 수 없으니, 당일에는 인근의 경로당을 빌리기로 했다. 음식 준비는 이웃에 살고 계신 이모님의 손을 빌리면 될 것이니, 기념품은 자식들이 의논해서 결정하라는 당부도 빠트리지 않으셨다. 물론 초청할 분들을 선정하고 연락하는 것도 우리들의 몫이었다. 이따금 누구누구를 모셔야 한다는 훈수를 두신 걸로 보아서는 아버지도 은근히 기대를 하고 계셨던 것 같다.

경사스러운 일에는 액운도 함께 오는 것일까. 음력 시월 하순으로 접어들어 겨울 추위가 날카롭게 옷깃을 헤집던 어느 날, 우리 가족에게 뜻하지 않은 변고가 생겼다. 회갑연을 십여 일 앞두고, 어머니가 쓰러지신 것이었다. 평소 자주 머리가 아파 고생은 하셨지만, 마른하늘에 날벼락 같은 일이 생길 줄은 상상조차 하지 못했다.

동생의 연락을 받았을 때는 이미 회생이 어렵다는 진단을 받은 후였다. 저녁때까지만 하더라도 마실 온 이웃들과 즐거운 시간을 가지셨다고 했다. 그분들이 돌아가신 후 뒷설거지를 끝내고 머리가 아프다며 누운 것이 마지막 모습이었단다. 결국, 그토록 정성을 기울였던 아버지의 회갑연을 성사시키지 못한 채 어머니께서 세상을 떠나셨다.

삼우제三虞祭가 끝나고 엿새 만에 아버지의 회갑 날이 돌아왔다. 그러나 그 누구도 그것을 입에 올리지 않았다. 가족끼리 단출한 저녁상 정도는 준비했어야 하는데, 그것마저도 생략했다. 돌이켜 생각하면 그래서는 안 되는 일이었다. 그러나 그때는 어머니의 빈자리가 너무 황망했기에 당연하다고 생각했던 것 같다.

급작스럽게 평생지기를 잃어버린 아버지가 무슨 경황이 있었으랴. 허공에 넋을 부리고 계신 아버지를 뒷전으로 물린 채 우리는 모든 것을 없던 일로 되돌리기에만 급급했다. 그동안 준비했던 것을 취소하거나 변상을 하면서도 아버지의 기분까지는 고려하지는 못했다. 자식들마저 기억해 주지 않는 회갑의 쓸쓸함이 아내 잃은 허망함을 배가시켰던 것이 아닐는지, 이제야 아버지의 심정을 더듬어 헤아려보게 된다.

다음해에 든 진갑進甲날 만이라도 정성껏 상차림을 해드렸어야 했다. 그러나 그날마저도 흐지부지 넘어가 버렸다. 아버지는 철저하게 외면 받았고, 가장으로, 남편으로, 아버지로 살아오신 노고는 위로받지 못했다. 회갑이니 진갑이니 하는 것은 고사하고, 정작 아버지는 아내의 빈자리가 만들어 놓은 여러 가지 상황들이 얼마나 사무치게 외로우셨을지.

이십여 년을 홀로 살고 계신 것이 마음에 걸렸을까. 어머니는 당신의 기일 엿새 후에 아버지를 데려가셨다. 며칠 간격을 두고 두 번의 제사를 모실 수 없다고 뜻을 모은 것은 자식들의 편의만을 고려한 것이었다. 그런 연유로 아버지의 기제사 또한 유야무야로 넘어간다. 어머니 기일에 맞추어 제상祭床을 함께 차리게 된 탓이었다. 세태를 핑계 대었지만, 살아서도 돌아가셔서도 아버지는 자식들의 뒷전으로 밀려나신 셈이다.

환갑 날 아침에 받은 전화 한 통이 많은 생각을 하게 만든다. 아버지의 나이를 살아온 지금에서야 지난날을 회상하며 돌이킬 수 없는 회한에 목울대가 후끈거린다. 뒤늦은 후회의 가슴앓이를 해보고, 어머니와 끝까지 해로하지 못한 아버지의 박복을 생각하게도 된다. 그때의 아버지의 회갑과 백세 시대에 맞이한 나의 환갑이 어찌 같을 수 있을 것인가. 그러한데도 자식들의 축복을 받고 있는 나와 일언반구의 치하도 받지 못한 아버지. 과묵하셨던 분이라 서운함을 입에 올리지는 않으셨지만, 당신의 심정을 보살피지 못했던 철없고 무심했던 나 자신이 부끄럽기 그지없다. 제상조차 제때 올리지 못하는 주제에 환갑 타령이라니, 불경도 이런 불경이 어디 있을까.

다행히 자식들은 나를 닮지 않은 것 같다. 아버지를 향해 단 한 번도 따뜻하게 안부를 여쭤보지 못했던 나와 달리 마음 씀씀이도 곰살궂고 다정다감하다. 그런 자식들을 거느리고 사는 내가 죄송스러울 정도다. 미역국 한 그릇을 서운해 하는 나의 얄팍함을 거푸거푸 자책하게 되는 날이다.

옅은 눈웃음에 인자함을 담고 계시던 아버지. 오늘따라 유난히 당신이 그립다. 먼발치에서나마, 환갑을 맞고서야 철이 드는 아들을 꾸짖어주셨으면 좋겠다.

입춘방立春榜

월요일, 남극보다 더 추울 것이란 기상대의 예보다. 채비를 단단히 하고 출근하라는 아내의 당부를 뒤로하고 현관문을 나섰다. 따뜻하게 옷을 껴입고 실내에서 막 나온 온기 덕분인지 그렇게 춥다는 생각이 들지 않는다. 1층으로 내려오는 엘리베이터 속에서 몸치장에 신경을 써본다. 짧은 시간이지만 벽면 거울에 비친 또 다른 나를 향해 요리조리 모델 흉내를 내어보고, 갖가지 표정을 지어 보느라 추위에 대해 잠시 잊고 있었다.

아파트 출입문을 나서는데 아릿한 한기가 들숨을 통해 폐부 깊숙이 스며든다. 일순간 정신이 몽롱해진다. 잽싸게 목을 움츠리며 코트 깃을 바짝 세워 추위를 막아본다. 지하철역까지 십여 분을 걸어가야 하는데, 벌써 칼에 베인 듯 뺨이 얼얼하다. 살을 엔다는 표현은 이럴 때 사용하는 것 같다. 귓바퀴가 떨어질 듯 아프더니 감각마저

둔해진다. 두 손을 번갈아 가며 마사지해 보지만, 별 차도가 없다. 하필이면 승용차 부제 날 입춘 한파가 극성을 부리다니. '입춘에 장독 깨진다.', '입춘 추위는 꿔다 해도 한다.'는 속담이 하나도 틀리지 않다는 생각이 든다.

입춘은 24절기 중 첫 번째 절기다. 보통 양력 2월 4일경이다. 명리학命理學에서는 입춘을 새해의 기준일로 친다. 음력이 아닌 양력일이다 보니 아직은 봄이라 칭하기에는 차가운 기운이 가시지 않는 때다. 하지만 이날은 농경의례와 관련된 행사를 많이 개최한다. 도시나 농촌 할 것 없이 각 가정의 대문이나 문설주에 붙이는 기복적 의례인 '입춘 축' 행사도 농경의례에 속한다.

무술년인 올해의 입춘은 일요일인 어제였다. 전날 오전 늦은 시각, 청소를 한다며 드렁드렁 낡은 청소기를 돌리고 있었다. 탁자 위에 널브러져 있는 책과 공책, 각종 영수증 등을 정리하는데, 얼마 전 붓과 긴 씨름 끝에 써두었던 입춘서가 책갈피에서 삐죽 고개를 내밀고 있었다. 붓글씨를 배운 지 얼마 되지 않아 붓놀림이 서툰 탓인지 비뚤비뚤한 춘첩이었다. 복을 담겠다는 정성보다는 그럴듯하게 쓰겠다는 욕심으로 끙끙거리다 겨우 몇 점 추려두었다. 그중 최우수쯤 되는 글씨는 먼저 본 큰아들과 작은며느리가 쏙 빼가고 탈락한 춘첩 한 점이 우리 집 용으로 남아 있었다.

입춘서에 대한 관심이 언제부터 시작되었는지 정확히 생각나지는 않는다. 십여 년 전, 노인복지관의 입춘방 행사가 실마리였던 것 같기도 하고, 지인이 이사 기념으로 선물한 춘첩 때문인 것 같기도 한데 뚜렷한 기억은 없다. 그 이후부터 퇴직 때까지 매년 남의 신세를 졌지만, 작년부터는 내가 직접 쓴다. 다양한 입춘서 글귀가 있지만 붙이는 곳에 따라 대구對句, 대련對聯, 단첩單帖으로 구분한다. 좋아하는 문구는, 봄이 시작되니 크게 길하고 경사스러운 일이 많이 일어나기를 바란다는 뜻을 가진 '입춘대길立春大吉, 건양다경建陽多慶'이다. 올해 입춘방도 이 글귀를 택했다.

입춘서의 효험이 '굿 한 번 하는 것보다 낫다'는 옛말 때문인지, 입춘방은 정확한 입춘 시간에 붙이는 것이 좋다고 전해진다. 입춘에 관한 관심이 없을 때는 생각 없이 그냥 붙였다고 하지만, 내 손으로 쓴 입춘서를 남에게 선물할 때는 달라야 한다고 생각되어 입춘일, 입춘 시와 함께 붙이는 방법까지 써서 전하고 있다. 올해는 태양의 황경黃經이 315°일 때인 06시 28분이지만, 까맣게 잊고 있다가 점심때가 되어가는 시간에 붙이는 실수를 범했다.

아내는 정성이 문제지 시간이 문제가 아니라며 자못 근엄하게 춘첩 붙이기 의식을 진행했다. 머리를 쓰다듬고, 옷매무시를 단정하게 정리했다. 길하고 경사스러운 만복이 들어오기를 바라며 대문 주변까지 깨끗이 청소하는 일도 건너뛰지 않았다. 들어온 복은 흘러내리지 말라는 의미로 입춘서를 여덟 팔八자 모양으로 붙이고는 말없이 바라보고 있었다.

사실 비뚤한 춘첩이라도 붙여 두다 보면 좋은 점이 한둘이 아니다. 일종의 긍정적 에너지를 발산하는 효과를 톡톡히 보게 된다. 왠지 꿈이 이루어지고 행복해질 것 같은 희망, 건강한 기운이 충만해지는 기대감을 맛보는 신비의 영약이다. 잠시 해이해져 느슨한 생활을 하다가도 춘첩을 바라보며 마음을 다잡게 된다. 그래서 하루하루를 허투루 보내지 않고 더욱 알차고 의미가 깊은 생활을 하게 되는 것 같다.

입춘서 앞에 서 있는 아내는 무슨 생각을 하고 있었을까. 힘들었던 지난겨울을 뒤돌아보며 만물이 소생하는 봄이 빨리 오기를 기도했을까. 파릇한 새싹과 같은 희망이 많이 생기기를 소망한 걸까. 봄이 오는 길목을 막지 말고 엄동설한의 한파가 비켜서기를 빌고 있었을까. 아마 아내의 성격상 가족이 무탈하기를 기원했을 것이다. 혹은 사회나 직장에서 하는 모든 일들이 잘되었으면 하는 간절한 바람을 가슴에 쌓고 있었는지도 모른다.

아내의 모습을 보면서 괜스레 죄인이 된 듯 가슴이 아려왔다. 함께 살아온 사십여 년의 생활을 반추해 보면 더욱 그러하다. 이재에 밝지 못해 재물과는 담을 쌓아 가정의 번영에 크게 도움을 주지 못했다. 다혈질적인 급한 성격 탓에 화목한 모습을 보여준 것 같지도 않다. 원인을 알 수 없는 두통으로 몇 년을 고생할 때도, 자상하게 병원에 함께 간 일이 단 한 번도 없었다. 모든 것이 미안할 따름이다. 농담 삼아, 우리 집에서 내 서열은 고양이보다 밑이라고 불평을 늘어놓곤 하지만, 실상 나로 인해 가정의 평화가 깨어지는 일이 대부분이었다.

어느 틈에 벌써 이순 중반을 바라보는 가을의 문턱에 서 있다. 욱하는 성질을 죽이며 사는 것은 물론이고, 귀는 열고 입은 닫을 나이다. 늦었지만 이제는 자상하고 어진 본래의 성정을 보여줄 때다. 머리가 아플 때는 함께 아파하고, 팔다리가 아프다면 어루만져 주는 배려가 필요한 나이다. 각오와 실천은 빠를수록 좋을 것이다. 손자의 재롱에 열렬히 호응하고 공감하는 만분의 일이라도 아내와 자식을 위해 살아간다면 화목은 올 것 같다. 삐딱한 입춘서를 통해 반성하고 되새긴 일요일이었다.

한낮이 되었는데도 추위는 누그러들지 않는다. 달도 차면 기울고, 해도 뜨면 지는 것이 자연의 섭리이건만 심술치고는 고약하다. 아직은 음력 정월이라 이름값을 하겠다는 것인가 보다. 하지만 입춘이란 전령이 봄이 오고 있다는 소식을 전해왔지 않는가. 어차피 물러날 수밖에 없는 자리인 것을 왜 이리도 심술을 부리는지 모르겠다. 저만치 계절의 모퉁이에서 봄 처녀가 묘한 눈빛으로 유혹할 때 못 이긴 척 물러나 주면 정말 좋겠다.

드르륵, 책상 위에 놓아둔 휴대전화 진동 소리에 전화기를 든다. 둘째며느리의 안부 전화다. 감기 조심하시고 점심 맛있게 드시라는 말과 함께 어제 낮 늦게 입춘서를 붙였다며 웃는다. 며칠 전 입춘서를 몇 시에 붙이면 되느냐 묻기에 일요일 이른 아침 시간대를 알려줬더니 힘들다며 낮에 붙이겠다고 했는데…. '아버님 글씨가 작년보다는 일취월장하셨습니다.'라는 말로 전화를 끊는다. 칭찬은 고래도 춤추게 한다더니 며느리의 한마디에 괜히 어깨가 으쓱해진다. 이 기분 그대로, 무술년 올해에는 우리 가정에도 길하고 경사스러운 일이 많이 생기기를 기원해 본다.

연어처럼 회귀하다

이삿짐을 가득 실은 탑차는 원도심原都心 동구로 향하고 있다. 아내가 태어나고 성장한 원적지이면서 우리 가족이 거쳐 온 삶의 애환이 구석구석 새겨져 있는 곳이다. 이삿짐 차량을 뒤따르는 승용차 안에서 아내는 이상하리만치 말이 없다. 그 말없음표 속에 무슨 말이 들어 있을지. 운전을 하면서도 자꾸 아내를 흘깃거리게 된다.

아내는 구봉산 산기슭의 양지바른 까꼬막에서 유년 시절을 보냈다. 계곡의 개울가를 누비며 가재나 물방개를 잡기도 하고, 예쁜 돌을 줍고 야생화를 꺾느라 해지는 줄을 몰랐다고 했다. 날이 어두워져 또래들과 술래잡기를 할 때는, 달을 피해 도망 다니느라 가슴이 콩닥거렸단다. 몸을 숨기는 곳마다 따라와 빠끔히 내려다보고 있으니 얼마나 신기하던지 어제 일처럼 느껴진다고 회상한다. 가끔 다른 친구들이 경험하지 못한 흔치 않은 이야기를 소환할 때도 있었다.

집 근처 산자락에 텃밭을 조성하여 채소를 가꾸고, 염소나 닭, 돼지를 키우면서 일어났다는 해프닝 한 토막이다. 어느 날 마당 가장자리의 닭장의 계란이 눈에 들어왔단다. 계란을 꺼내기 위해 닭장 안으로 들어갔더니 수탉은 경쟁자가 나타났다며 볏을 세우고 덤벼들었다는 것이다. 오빠가 만든 큰 나막신을 신고 있었던 소녀는 움직임이 둔한 탓인지 수탉의 날카로운 부리에 엄지발톱이 쪼개지는 참패를 당했다는 전언이다. 한마디로 집 근처가 놀이터였고 유희 장소였던 셈이었다.

우리 부부는 아내가 나고 자란 그곳에서 처음 만났다. 군대에서 제대하고 발령받은 직장의 첫 업무 수행을 그곳으로 나가게 되면서였다. 까까머리 청년이 누른 초인종 소리에 대문을 열어준 것이 월하노인月下老人을 불러들였는지, 그날의 첫 대면이 훗날 청실홍실의 인연으로 묶이게 되었다.

신혼의 단꿈은 까꼬막 단칸방에서 시작되었다. 주변의 열악한 주거 환경만큼 많은 불편이 뒤따랐다. 찬거리를 장만하고 생활용품을 구입하기 위해서는 가풀막 위의 골목시장을 가거나, 급경사 계단 길을 한참 동안 내려가야 했다. 뒷덜미를 잡아당기는 듯한 가파른 등굽잇길은 몇 번씩이나 숨을 가다듬어야 하는 고행의 길이었다.

쓰레기를 처리하는 일은 더욱 힘든 난관이었다. 이른 아침 희미한 청소차 종소리에 눈을 뜨기가 무섭게 쓰레기를 들고 뛰어나가야 했다. 늦어지면 늦어질수록 집에서 먼 정차 지점까지 쫓아가야 하는 고생 때문이었다. 어찌하다 아내가 나갈 때는 숫제 전쟁터를 방불케 했다. 칭얼대는 아이를 둘러업은 채 연탄재를 머리에 이고 나가보면 청소차는 시야를 벗어나 보이지 않기가 일쑤였다.

지금 생각하면 고단함의 연속이었을 것이다. 하지만 힘들기만 했으면 어떻게 살아냈을까. 동병상련의 이웃들과 부대끼며 생활하다 보면 없는 정이 생겨나기 마련이다. 형님, 아우란 호칭이 생길 만큼 여물어진 뒤에는 마실을 오가며 이웃의 정을 나누었을 것이다. 토끼 같은 자식이 생기고, 아이들이 성장해 가는 모습을 보면서 또 다른 행복을 느꼈지 싶다. 그러저러 삶의 이끼가 두툼하게 앉을 무렵 주거지를 이전하면서 우리의 까꼬막 시대는 막을 내렸다.

더불어 아내에게는 타향살이가 시작되었다고도 할 수 있다. 비록 몸은 떠나지만, 마음은 두고 가게 되는 곳이 고향이었을까. 아내는 타구他區를 돌고 돌아 느지막한 나이에 고향마을이 있는 동구로 되돌아가는 중이다. 내가 자꾸만 아내의 감회를 더듬어보게 되는 이유일 것이다.

고향이란 삶의 시원이자 무릉도원 같은 곳이다. 떠올리기만 해도 가슴이 뭉클해진다. 고구마 넝쿨처럼 크고 작은 유년을 줄줄이 매달고 있는 것이 고향, 두 글자의 의미다. 때로는 아픈 기억의 도피처로, 때로는 그리움의 해소처로 찾게 되는 어머니 품속같이 푸근한 곳이다. 타지를 돌고 돌다가도 나이가 들면 막연하게 마음이 기울게 되는 모향母鄕이라 할까.

마치 넓은 바다를 누비던 연어가 강물의 냄새를 따라 모천母川으로 회귀하듯이, 사람이 태가 묻힌 고향을 찾는 것은 본능과도 같은 것이 아닐까. 세상에 생명으로 온 자, 고향 없는 존재는 없듯이, 머리 허연 세월을 살아내고 다시 찾는 동구도 아내에게는 그런 곳일 것이다.

번영로를 달리는 탑차는 터널을 몇 번이나 통과한다. 깊은 터널 속의 희미한 조명등 불빛에 눈의 조리개가 긴장한다. 핸들을 잡은 두 손에 힘이 들어간다. 어두운 곳에 적응한 눈으로 전방을 주시하지만, 앞서 가는 차의 미등만 보일 뿐이다. 보이지 않는 터널 건너편에서 어떤 일들이 일어날지 예측하기 어렵다.

사오정 같은 짝을 만나 보낸 그 길었던 삶의 길목에서 아내는 수없이 많은 터널을 만났을 것이다. 남편이라는 남자가 연례행사처럼 일으키는 크고 작은 사건들, 삶을 뒤흔든 사건의 뒷수습은 늘 아내 몫이었으니. 가슴에 무수한 생채기가 나고 아물기를 반복했지 싶다. 이제, 다시는 하지 말아야 할 숙제를 안고 늦가을의 나이가 되어서야 마지막 이소란 전제를 달고 연어처럼 동구로 회귀回歸하고 있다.

아파트 정원의 늙은 소나무가 힘겨워하고 있다. 걸고 기름진 비옥한 산야의 고향을 떠나 낯선 곳에 정착했기 때문일까. 얼굴빛이 어둡다. 나 또한 다를 바 없다. 눈에 익고, 몸에 맞는 곳을 떠나 살아온 긴 시간 동안 한순간도 마음 편안하게 생활하지 못한 것 같다.

구봉산 자락에서 매일 아침 듣던 새소리도, 저녁 하늘 으스름달과의 술래잡기도, 별똥별도 보기 어려운 빌딩 숲 속이지만, 우리 가족의 보물 같은 많은 추억을 되새김할 수 있는 곳으로 돌아왔다. 이제, 나의 남은 삶은 아내라는 따뜻한 요람에서 보내게 될 것 같다.

덕도 전前

"뒤돌아보니 멋진 인생이요, 다시 봐도 최고의 인생"

현수막의 문구에 시선이 머물렀다. 여태 내가 받아 본 최고의 찬사였다. 글은 남은 삶도 황금 인생을 보내고, 백세까지 건강하게 보내라는 내용으로 마무리되어 있었다. 고희古稀를 맞는 나를 위해 두 아들과 며느리가 준비한 현수막이었다.

울컥 눈가에 눈물이 고였다. 뾰족한 성질머리로 가족들 가슴에 생채기만 내면서 살아온 내가 이런 호사를 누려도 되나 싶었다. 그들 덕분에 한평생을 행복하게 잘 산 것 같기도 했다. 두 아들이 사건·사고 없이 반듯하게 자라 준 것이 첫째 복이다. 아내의 희생으로 고개 들고 살고 있는 것도 복이요, 큰 병치레 없이 건강한 것 또한 지금 내가 누리는 복이다.

일흔에 즈음하여 문득 편지를 쓰고 싶어졌다. 지나온 인상을 정리하는 내가, 남은 삶을 살아갈 나(德道, 雅號)에게 보내는 편지라 할까. 어제를 회고回顧하는 것으로 더 나은 내일을 추구해보자는 다짐이니 영 의미 없는 일은 아닐 성 싶어서였다.

여보시게, 덕도!

넋두리일 수도 있고, 다짐일 수도, 부탁일 수도 있겠지만, 우선 자네는 많은 변화가 있어야 할 것이야. 혼자 백 년을 살면 뭐 하나. 가족 모두가 건강하고 화목하게 살아야 행복하지. 가야 할 길은 비단길이 되도록 최선을 다해 보세.

이런 말을 하기에는 부족한 점이 많지. 넉넉하게 쓸 만큼의 부富를 축적해 놓은 것도 아니고, 그렇다고 존경받을 만한 지위地位도 얻지 못했으니 말일세. 한데도 가족들 마음에 크고 작은 대못은 어찌 그리 많이도 박고 살아왔는지, 앞으로 해서는 절대 안 되는 것 중 하나라네.

시간이 얼마나 남았는지 모르지만, 숨이 멈추는 순간까지 정신적으로나, 신체적으로 건강하고, 의미 있게 살아갈 것을 당부하고 싶네. 물론 나야 지금까지 나름의 노력을 해왔다네. 정신적으로 문제가 생긴다면 덕도 자네뿐만 아니고, 아내와 자식들도 힘들지 않겠나. 그래서 젊은 정신을 위해 붓글씨도 배우고, 수필 공부도 하면서 나름의 노력을 하고 있었지.

덕분에 붓글씨, 사군자로 공모전에 입선도 해봤고, 수필 작가로 등단도 했지. 틈틈이 써 놓은 글을 모아 우리 둘을 위한 자서전도 준비하고 있지 않나. 평범한 삶이었지만 가족에게는 스토리가 있는 역사이지 싶다네. 비록 아내와 자식에게 기쁨을 줄 만한 선물은 아니지만, 용서를 구하는 반성문이라 생각하면 조금은 위로가 될 것이네.

앞으로 살아갈 자네는 몸 관리에도 게을리 해서는 안 될 것이네. 사실 젊은 시절 건강에는 별로 신경 쓰지 못한 점, 자네도 알 것이네. 그렇다면 남은 삶은 건강하게 살아가야 하지 않겠나. 다행히 퇴직 이후에 자네를 위해 간간히 운동하고 있는 것이 위안이 되기는 하다네. '갈맷길' 278킬로미터를 완주도 해봤고, '동파랑 길' 770킬로미터 정복을 목표로 포항 호미곶까지 걷기도 했지. 간간이 헬스장을 다니면서 말이야.

한편으로 의미 있게 살자고 애를 써봤지만, 생각같이 쉽지 않더군. 사람마다 중요하게 느끼는 관점이 다 다르지 않겠나. 이제는 가족을 위해 살았으면 한다네. 지금까지 남들에게 더 관용을 베풀며 살지 않았나. 그러다 보니 가족에겐 상처가 되었고. 말이나 행동을 통해 상처 주지 말고 평안하게 사는 것이 자네에게는 큰 의미가 될 것이네. 다정하고 나긋나긋한 목소리로 애정을 쏟는 것 말고는 딱히 할 일이 없다네.

사람들은 인생의 큰 성취나, 특별한 사건에서만 삶의 의미를 찾으려 한다네. 하지만 작고 소소한 것에서 더 큰 의미를 얻을 수 있다네. 사랑하는 사람과의 대화, 커피를 마시며 하루를 준비하고 정리하는 시간 등 평범한 일상 속에 행복이 숨겨져 있지 않나 싶다네.

이런저런 소리를 하고 보니 꼭 해주고 싶은 이야기만 남은 것 같으이. 내가 의논할 문제는 사랑하는 가족과 헤어질 때의 일이라네. 내 생각이지만, 불만은 없을게야. 길든 짧든 한 생을 정리하는 방법은 여러 가지가 있을 수 있지만, 평소 이런 생각을 해보았네. 아내나 자식들에게는 일종의 유언의 성격이 강한 메시지 같지만….

건강을 위해 노력하고 있다지만, 한 치 앞을 알 수 없는 것이 목숨이지 않는가. 도저히 회복할 수 없는 몸 상태가 되었을 때, 생명 연장 장치를 하지 말기로 하세. 보는 사람만 더욱 고통스러울 뿐, 자네에게 전혀 도움이 되지 않는 의미 없는 행위라네.

아마 자식들의 성정으로 볼 때 무척 슬퍼하겠지. 울지 말라는 말도 해 보세나. 손님 모셔 놓고 웃으면서 대접했으면 하는 바람이라네. 흑백사진 걸어놓고 운다고 하여 환생하는 것도 아니고, 또한 그곳에 없지 않은가. 물론 사진은 환하게 웃는 모습으로 놓아 주면 좋겠지. 한 번 죽은 사람 앞에 생기 없는 사진까지 걸어두면 두 번 죽는 것 같아 싫을 것 같네. 식장 안의 침울한 분위기를 바꾸기 위해서는 클래식 음악을 트는 것도 권장해 볼 일이지.

물론 수의도 필요 없겠지. 평소 입던 옷 중에서 하나를 골라 입히면 족하지 않겠나. 장례는 좁은 국토 훼손하지 말고, 화장을 해서 선산에 마련된 자네 자리에 묻히는 것으로 하세. 평소 취미 삼아 써놓은 사군자 한 점, 붓글씨 한 점, 수필집 한 권씩을 같이 넣어 주면 더욱 좋고. 남길 만한 유품은 없지만, 간직할 것과 버릴 것을 자식들이 알아서 정리하는 것으로 하세.

이렇게 이야기해 놓고 보니, 한 가지가 빠졌네. 대충 짐작ㅎ-겠지만 이름은 남겨야 하지 않겠다. 비문에 '순흥안씨 28대 휘 덕도 병진順興安氏 28代 諱 德道 秉辰'이란 글자를 새겼으면 한다네. 덤으로 여유 공간이 있다면 "날 찾아 줘서 고맙다. 사랑한다. 행복해라. 너희들 덕분에 멋진 생을 살았다."란 글을 추가해 주면 더 고맙고. 혹여나 찾아올 자식들에게 인사는 해야 하지 않겠나.

이 글을 마무리하면서 누가 가장 많이 생각나는지 알겠나. 한평생 바보같이 살아준 아내라네. 그동안 성질 더러운 날 건사하고 사람 만드느라 무척이나 고생하며 산 것을 자네도 알지 않나. 그렇다고 자네가 남은 인생을 잘 해줄 것 같지도 않고. 한데도 아직 별다른 낌새 없이 살고 있어 고맙지. 그래서 바보천치라고 하는 것이네. 이제 와서 미안하다는 말로는 만분의 일도 위로가 되지 않을 거야. '아내의 날'이라도 정해서 아내를 위해 살기로 하세. 살아생전 희생만 하고 산 천사 같은 파랑새가 아닌가.

확실히 아내 덕분에 최고의 인생을 보낸 것 같다네. 자네가 잘만 해준다면 앞으로가 더욱 멋진 여생이 될 것 같기도 하고. 일흔에 즈음하여 나와 자네, 그리고 아내를 위하여 건배를 들고 싶네.

3부
노을, 별을 품다

산자락으로 노을색이 짙어간다.
조금 남은 햇살은 일렁이는 강물에 아지랑이처럼 번진다.
그 위로 붉은 물감이 풀리고 동양화 한 폭 같은 풍경이 서서히 열린다.
일출이 생동감이라면 일몰은 장엄함이다.
온종일 대지를 달구던 태양은 하구를 물들이는 것으로 쇠락해지고 있다.
제 소임을 끝내고 돌아서는 태양의 등은
허무한 비감보다는 숙연함을 불러일으킨다.
점점 희미해지는 노을에서 내가 가야 할 바를 추스르게 된다.

누름돌

아내는 가끔 내게 도깨비 같단다. 도무지 종잡을 수가 없다는 말
이다. 가족에게 부리는 못된 성질머리로 봐서는 직장이나, 사회에
서 따돌림을 당해도 수없이 당했을 법한데, 용케도 크게 원성을 사
는 일 없이 은퇴까지 온 것이 불가사의하단다. 그 말의 숨은 의미를
모르지 않기에 생각하고 행동하는 일에 매사 신경을 쓰지만, 생각
과 행동이 일치되지 않을 때가 더 많다.

퇴직을 하고 나서 갑자기 식구들과 함께하는 시간이 늘어났다.
재취업을 해서 여전히 출근을 하기는 하지만 이전처럼 전투적으로
직장에만 매달려야 하는 상황이 아닌데다가, 그간 소홀했던 가정에
좀 더 충실하자고 마음을 바꿔먹은 까닭이기도 하다. 세 살 버릇 여
든 간다더니, 늘어난 시간만큼 나도 모르게 종종 짜증을 내며 되술
래잡는 일이 많아졌다.

묵은 습관이 참으로 무섭다는 생각이 든다. 내 편한 방식으로 말하고 행동하는 몸에 밴 타성. 모두들 중년 남자의 비애며, 고개 숙인 남자를 운운하는데 무슨 배짱인지 모르겠다. 늦었다고 생각할 때가 가장 빠른 때라 하지 않는가. 잘못을 알았으면 재깍 사과라도 하면 될 텐데, 그마저 얄팍한 자존심을 세우느라 뜸을 들인다. 그러면서도 남들에게는 둥글둥글 모나지 않은 사람으로 인정을 받으니, 가족들에게만은 표리부동이라 지탄을 받아도 할 말이 없다고나 할까.

그 중 가장 자주 피해를 보는 사람이 아내다. 내가 조직의 틀 안에 안주할 때 아내는 세상이라는 난바다 위에서, 가정이란 조각배를 지켜내기 위해 모진 풍파를 헤쳐내야 했다. 나날이 쌓이는 업무를 감당하느라 내 코가 석 자라고 엄살을 부릴 때도, 아내는 잠자리 눈으로 사방 천 리를 살폈다고 해도 과언이 아니다. 해도 해도 끝이 없는 집안일에다, 저마다 이러니저러니 자잘한 타박을 쏟아놓을 때면 속에서 천불이 나고도 남았을 것이다. 모르긴 하되, 바깥에서 남편과 자식이 행여 기라도 죽을까봐 하고 싶은 속말을 꾹꾹 눌러 담고 살아왔지 싶다.

그렇게 망망대해를 헤쳐 나온 사람에게 나는 편협한 시선으로 사사건건 잔소리를 늘어놓는다. 더러는 속을 긁어 생채기를 만들기도 한다. 뒤늦게야 그런 나를 후회하지만, 고개를 숙이며 손길을 내미는 일은 없다. 아마, 가장의 권위에 흠집을 내는 일이라는 고지식한 사고방식을 고수해 왔는지도 모르겠다. 무릇 여성 상위라는 세태를 나만 거꾸로 걸어가고 있는 것 같다. 풀기 빳빳한 내 성정을 지긋하게 눌러 줄 누름돌이라도 하나 구해야 하는 게 아닌가 싶다.

어릴 적, 우리 집 장독대에는 항상 크고 작은 돌 몇 개가 놓여 있었다. 가지런한 장독 사이에 있는 듯 없는 듯 자리하고 있었지만, 어머니가 아끼는 것들 중 하나였다. 반들반들하고 모나지 않아 거친 식자재를 짓이기는 용도로 사용하는 것을 보기도 했다. 그러나 그보다 더 자주 장독 안의 내용물을 눌러두는 데 사용했다. 따뜻한 봄날 장을 담글 때는 메주가 고염苦鹽에 잠기도록 했으며, 겨울 김장철에는 배추를 절이는데도 사용했다. 또한, 세탁물을 양잿물에 눌러두는 용도로도 애용되었다.

몇 개월 숨죽여 지내다 보면 돌에 눌린 메주는 소금물과 어우러져 맛깔 나는 된장으로 숙성되곤 했다. 펄펄 살아 있던 배추도 양념하기 좋게 적당히 부드러워졌다. 누름돌은 닿아지는 모든 것에서 모난 구석을 깎아내는 묘한 위력이 있는가 보았다.

몇 해 전부터 내게도 누름돌 못지않은 상대가 나타났다. 일순 나를 무장 해제시키고, 오뉴월 엿가락처럼 흐물흐물 녹아내리게 하는 강적이다. 덩치는 작지만 내게는 태산처럼 큰 존재이고, 병아리 부리처럼 앙증맞은 입술로 나를 제식대로 좌지우지하는 내 누름돌은 바로 손자 녀석이다.

아들 내외가 3년 만에 어렵사리 얻은 손자는 겨우 두 돌이 채 되지 않았다. 방긋 웃는가 싶었는데, 엉금엉금 기고, 어느새 뒤뚱거리며 걷는 모습이 얼마나 신기하던지. 녀석의 재롱에 푹 빠져 지내던 어느 하루, 무심코 내뱉는 손자의 한마디가 호되게 뒤통수를 쳤다.

우리 집에는 고양이 한 마리가 있다. 태어나 처음 접한 동물이라 그런지 손자는 고양이에게 유별난 친밀감을 보이는 편이다. 그날도 손자는 소파에서 고양이와 놀이 삼매에 빠져 있었다. 혹시라도 발톱에 얼굴을 다칠까 걱정이 되어 조심하라고 말렸더니 홱 돌아서며 "에~씨"라는 것이었다. 순간 내 귀를 의심할 수밖에 없었다.

아내고, 아들 부부고 좋고 예쁜 것만 가려 가르치는데, 어디서 그런 말을 들었을까. 곰곰 생각하니 발원지는 바로 나였다. 스펀지처럼, 본 대로 들은 대로 받아들이는 손자에게 생각 없이 보이지 말아야 할 모습까지 보여 버렸다는 자책에 가슴이 덜컥 내려앉았다. 아이는 어른의 거울이라는데, 생각해 보면 그 순간 손자의 행동거지는 바로 나의 모습이었다. 미안하고 부끄럽고 후회스러웠다. 커가는 손자를 위해서라도 환골탈태만이 답이라는 결론을 내렸다.

내 속을 아는지 모르는지, 아내는 졸혼이나 이혼을 다루는 드라마를 즐겨 본다. 도둑이 제 발 저리다고, 팔팔한 성질을 죽이지 않으면 강수를 둘 수도 있다는 무언의 엄포 같이 느껴진다. 그러나 아내보다 더 무서운 상대가 나를 무두질 하고 있으니 말년에 외로울 일은 없을 것이다.

손자 녀석의 초롱초롱한 눈망울이 눈에 선하다. 그 맑은 눈 속에 비친 할아버지는 그저 사려 깊고 다정다감한 모습이었으면 좋겠다. 어른 역시 아이의 거울이기도 하니, 바르고 선하게 자라나는 손자를 보기 위해서는 내가 먼저 어른답고 반듯한 행동거지를 보여주어야 할 터. 귀엽고 사랑스러운 누름돌 하나 가슴에 품고 오늘도 부지런히 나를 죽이는 연습을 한다.

늙어도 젊다

공중보행 교橋의 하늘 광장이다. 손자는 비스듬히 할머니에 기대어 걷고, 애손愛孫이 마냥 대견한 아내는 손자의 어깨를 연신 쓸어내리며 종종걸음으로 보조를 맞춘다. 한껏 신이 난 아내의 발걸음에 장단을 맞추듯 치맛자락도 하늘하늘 춤을 춘다. 나는 한두 발짝 뒤처져 걸으며, 내 삶의 양대 지주와도 같은 두 사람의 다정스러운 모습을 감상한다. 북항 친수공원 야경을 구경하기 위해 밤 소풍을 나온 참이다.

공원을 가로지르는 수로를 따라 빛의 축제가 한창이다. 색색의 조명이 일렁이는 물결에 반영되어 물감을 풀어놓은 듯 몽환적인 분위기를 자아낸다. 하지만 손자의 환호성을 듣고 보는 기쁨과는 비교할 수 없는 모양이다. 신명 나게 뛰어다니는 뒷모습에서조차 눈을 떼지 못하는 아내의 입이 귀에 걸린다. 자애로운 눈길을 따라 휴대전화의 카메라 셔터가 쉴 새 없이 찰칵거린다.

오늘 낮에 손자는 취침 준비를 한 채로 집에 왔다. 평소와 달리 방문주기가 조금 길어져 달포만의 반가운 상봉인 데다가, 할머니 곁에서 하룻밤 잠까지 자겠다고 하니 얼마나 기특할 것인가. 눈높이를 맞춰 마치 또래라도 되는 듯 미주알고주알 한참 동안 이야기꽃을 피우며 놀고 있었다.

바둑도 두고 체스도 해야 하는 나는 이제나저제나 눈치만 보고 있었지만, 아무래도 기회가 올 것 같지 않았다. 하는 수 없이 기대를 접기로 했다. 이른 저녁밥을 먹고 인근 수변공원으로 나들이를 가자는 아내의 계획 때문이었다. 아이에게 추억 한 토막이라도 더 만들어 주고 싶은 아내의 내리사랑에 손자도 마음을 열어 호응을 해 주었다.

손자가 잠시 게임에 빠진 틈을 이용해 아내는 슬며시 부엌으로 향했다. 늙은 호박을 꺼내어 손질하는 것으로 보아 저녁으로 호박죽을 끓일 작정인가 보았다. 아내는 손자를 위한 음식을 준비할 때는 유독 정성과 손길을 많이 들이는 편이다. 매사 척척 거침이 없다. 그러다 보니 손등 곳곳에 크고 작은 화상을 몇 번이나 입었다. 그래도 손자만 오면 뭘 해 먹일까 하는 궁리부터 한다.

손자의 너스레는 수준급이다. 음식을 먹고는 곧잘 칭찬과 함께 고마운 마음을 전달하곤 한다. 호박죽 앞에서도 시골 밥상의 훌륭한 셰프 같다는 말로 할머니의 노고를 격려했다. 어디서 듣고 배웠는지, 말치레(lip service)가 최상이었다. 일평생 남편에게서 한 번도 들어보지 못한 칭찬을, 손자를 통해 수시로 듣다 보니 나의 서열이 밀릴 수밖에 없다.

유대감이 남다른 우리 집 서열 1위와 2위는 한 갑자의 시공을 건너뛰어 만난 '양띠'들이다. 노년이 헛헛해지던 차에 소중한 보물을 얻고 보니, 뭔가 통하는 것이 있는지, 두 사람의 호흡은 타의 추종을 허락하지 않을 만큼 독보적이었다. 그 위력의 여파는 가장의 자리를 안방에서 거실 소파로 밀어낼 정도로 태풍급이었다.

초등학교에 들어가면서 말하는 본새까지 습득하고는, 어떻게 해야 귀여움을 받는다는 것까지도 알아버렸다. 아내와 포옹할 때는 가슴으로 안기면서 기분을 좋게 하는 오묘한 냄새가 나서 좋다는 인사를 하곤 했다. 나와는 등을 내밀거나, 옆으로 안기며 미소로 대신할 뿐이었다.

그래서일까. 손자가 오는 날은 화장이나 옷 등의 몸씨 단장에 신경을 쓰는 아내의 모습을 자주 볼 수 있다. 뿐인가. 오늘처럼 어쩌다 하룻밤을 같이 보내게 되는 날이면 일박이일 동안 손자와 함께 무엇을 하고 무엇을 먹을 것이며 어디를 갈 것인지, 계획을 세우느라 분주하다. 손자의 마음을 사는 일로 자신의 행복 지수를 높이는 것일까. 남포동, 국제시장, 서면 등 청춘들의 거리를 골목골목 누비고 다녀도 피곤한 줄을 모른다. 요즘 들어 내가 목격하는 아내의 가장 젊은 날은 손자가 오는 날이라 해도 과언이 아니다.

두 아들을 키우며 누렸던 기쁨이나 행복과는 다른 느낌으로 다가 왔지 싶기도 하다. 아니면, 살아가기 바빴던 그 시절의 일상에서 자식에게 미처 다해 주지 못했던 아쉬움을, 손자를 통해 보상하는 것인지도 모르겠지만. 찬거리를 사들일 때나 외식을 하면서도 손자가 좋아할 것 같다는 말을 곧잘 한다. 집안에서의 대화마저도 곁에 없는 녀석의 이야기로 채워질 때가 다반사다. 생각만 해도 엔도르핀이 팍팍 솟는 모양이었다.

올봄 어느 토요일 한낮, 아내가 손자의 매력에 푹 빠지는 일이 또 있었다. 집 근처에 있는 백화점으로 쇼핑하러 간 날이었다. 오는 길에 커피숍에 들러 콩고물 빙수를 시켜 먹고는 저녁 시간에 맞추어 나왔단다. 빙수를 먹고 난 뒤라 그런지 입술에 달콤함을 느낀 아내가 손자에게 뭐가 묻어 있는지 물어보았단다.

"할머니 입 주변에 뭐 묻었어?"

"내 사랑이 묻어 있잖아요."

손자의 기가 막힌 너스레에, 가게 앞 버스 정류장이 웃음바다가 되었다는 후설이었다. 그날 손자가 들려준 사랑의 세레나데가 꽤나 감동적이었던지, 한껏 상기된 얼굴로 '얼음 같은 마음도 풀어지게 하는 지상 최고의 귀여운 생물체가 손자'라는 말을 새삼 실감한다고 했다. 오면 기운이 달려 힘들고, 가고 나면 보고 싶어 주말이 기다려진다는 것이었다.

어느 작가는 '손자란 노후의 축복이다'라고 했다. 노년의 감성에 폭풍과도 같은 진한 사랑을 심어주는 녀석이 얼마나 소중한지, 아내는 보고 또 봐도 사랑스럽다고 한다. 그 정도라면 팔불출 같은 할머니라 흉보는 이가 있어도 개의치 않을 것이다. 이 순간, 북항 친수

공원에서의 밤늦은 데이트도 아내에겐 손자만이 선사할 수 있는 축복이자 행복한 일상이지 싶다.

세월을 거스를 자가 없으니, 아내도 점점 더 늙어 갈 것이다. 그러나 당분간은 나이듦에 대해 걱정하지 않아도 되지 싶다. 그 작은 생명체와 노닥거리는 시간이 근심 걱정을 몰아내고, 골 깊은 주름살도 펴지게 할 불로의 묘약이므로 손자가 더 자주 아내를 찾아주기만을 기대하게 된다.

까짓 서열이 좀 밀리면 어떠랴. 젊게 산다는 것은 역시 좋다. 손자의 재롱으로 나날이 젊어지는 아내를 지켜보는 재미도 여간 쏠쏠하지 않으니 말이다.

망월점, 그 오래된 유희

오후 무렵, 그다지 달갑지 않은 마음으로 뒷산에 올랐다. 매년 되풀이되는 행사인지라, 마지못해 발걸음을 옮긴 탓이다. 그렇지 않아도 겨우내 산불을 방지한다는 명목으로 공휴일마다 산과 씨름해 오던 차였다. 이번에는 정월대보름 무속 행위 단속을 위해 동원되었다.

높은 산에 올랐으니, 보름달을 남들보다 조금은 먼저 볼 것도 같다. 달을 먼저 본다고 하여 나에게만 액운이 비켜가고, 우리 가족만 평강平康할까 하는 생각이 든다. 그럼에도 다들 달이 잘 보이는 곳을 찾는 것을 보면 인간의 나약한 심성이 혹시 하는 기대를 갖게 하는가 보다.

사방이 어둠을 준비할 무렵, 사람들의 웅성거림과 함께 맞은바라기 산 위로 보름달이 고개를 내민다. 흡사 등 뒤로 사그라지는 석양을 거꾸로 보는 듯한 풍경을 보이며 떠오른다. 옅은 주홍색 빛깔을 내비치더니 점차 하얀 달빛으로 변하는 인상적인 단막극이 펼쳐졌다. 구름에 가려질 듯 비켜가며 뜨는 둥근 달을 맞이하는 순간, 나도 몰래 합장을 하고 말았다. 가족의 무운도 빌고, 며느리에게 손자나 점지해 달라며 삼신할머니께 청을 넣는 마음으로.

집에 돌아오니 아직 저녁 전이라며 호두와 땅콩을 부럼으로 내놓았다. 부럼은 아침 일찍 먹는 것인데, 시대에 맞춰 세시 풍속도 변하는 것인지. 어쨌든 여유가 있어 좋기는 하다. 늦은 저녁상을 물리고 TV 앞에 앉고 보니 채널마다 지신밟기, 달집태우기, 달맞이 광경 등 온통 보름 행사 소식뿐이다. 그러고 보니, 내가 자란 고향도 한때는 전국 제일의 명성을 얻었던 풍물놀이가 정월 대보름의 대미를 장식하곤 했다.

낙동강과 남강이 합류하는 지리적 요충지로, 임진왜란 때 홍의장군이라 불렸던 망우당 곽재우 장군이 의병장으로 첫 승전을 올린 '기강岐江' 또는 '거름강'이 있는 곳이 고향이다. 고향의 풍물놀이는 제1공화국 시절인 1948년 전국 농악놀이 경연대회에서 '씽씽여덟 버꾸놀음'으로 1등 상을 받았다. 그들이 벌이는 현란한 몸놀림의 지신밟기는 잘 된 한편의 마당극을 보는 것 같았다. 그야말로 명불허전이었다.

지신밟기는 정초에 시작하여 보름날 달집태우기와 함께 끝을 낸다. 땅을 다스리는 신령을 달래어 연중 무사를 비는 일종의 풍습 행위이다. 대문 앞에서 "주인 주인 문 여소, 문 안 열면 갈라요."란 구절로 주인의 허락을 받고 집 안으로 들어간다. 마당에서 신명나게 한바탕 놀고 나서 집안의 여러 신에게 집주인의 복과 행운을 비는 '성주풀이'를 시작으로 본격적인 지신밟기를 하게 된다.

부엌의 세간들을 두루 묘사하는 "지신아 지신아 조왕지신을 누루세."로 시작하는 부엌 신에 대한 조왕지신풀이나 "장독 지신을 누루자."는 장독대 풀이, "어여로 마대야."로 시작하는 소 마구간 풀이, 지신을 밟자는 대문풀이, 고방庫房풀이, 우물 풀이, 당산 풀이를 하며 족히 한나절을 놀게 된다. 마을을 쩌렁대게 울리는 농악대 소리에 신명이 나서 어깨를 들썩이며 쫄쫄 따라다녔던 기억이 지금도 생생할 만치 압권이었다.

호사다마란 말이 맞는 것인가. 한 시절을 풍미했던 풍물놀이는 뜻하지 않은 사고로 맥이 끊어지고 말았다. 1969년 추석 대목장을 보기 위해 오일장에 갔던 마을 주민 100여 명이 탄 나룻배가 엔진 고장으로 침몰했다. 80여 명이 익사하는 큰 사고였는데, 내 고향 풍물놀이가 쇠락하게 된 계기가 된 것 같다.

풍물놀이와 더불어 달집태우기도 빠트릴 수 없는 대보름의 행사였다. 달집은 내가 직접 설계하고 감독하며 만들기도 했으니 남다른 감회가 있다. 마을과 마을 사이의 경쟁심 때문이었을까. 아침부터 동네 아이들과 달집을 짓느라 배고픔도, 추위도 잊은 채 매달렸다. 경쟁이라야 어느 마을 달집에서 연기가 많이 나는가 하는 단순한 것이지만, 그날 달집태우기에서 이겨야 그해 마을 농사가 풍년이 든다는 전통 때문에 아이들의 놀이치고는 경쟁이 은근히 치열했다.

대나무 매듭 터지는 소리는 액운을 쫓는다는 의미 때문에 달집 기둥은 대나무로 각을 잡는다. 대나무 끝을 묶어 원뿔 모형으로 하나하나 벌려 세우고는 앞쪽 트인 곳이 달이 뜨는 방향으로 향하게 한다. 소나무 잔가지와 집집이 얻어온 볏짚으로 가장자리를 두껍게 둘러쳐 달집을 완성하게 된다. 완성된 달집에 양동이, 바가지 등을 이용해 물을 뿌려 적시고는 연기가 많이 나게 했다. 달을 그을린다는 의미란다.

그러고는 달이 산 위로 떠오름과 동시에 달집에 불을 붙이는데, 모든 부정과 사악을 사르는 정화의 의미가 담겨 있다. 이때가 되면 헐벗은 산에서 소나무를 베어온다고 호통치던 마을 어르신들도 하나둘 모여들어 달집을 에워싸고 한 해 동안 가족의 무운을 빌었다.

아이들은 쥐불놀이를 하느라 신이 났고, 아주머니들은 다리미에 각종 콩류를 담아와 달집 태운 숯불에 볶아 부럼으로 가족과 나누어 먹었다. 일 년 동안 무사태평하고, 만사가 뜻대로 되며, 부스럼이 나지 말라며 기원한다. 먹을거리가 없을 때라 아이들은 콩 한 톨이라도 더 먹기 위해 떼를 쓰고, 부럼은 자기 나이 수대로 먹어야 한다며 달래느라 애를 쓴다. 아마 자식에게 주는 것이 아깝다는 생각보다는, 콩 한 톨이라도 남겨 함께하지 못한 또 다른 가족과 나누기 위한 마음이었을 것 같다.

정월대보름 달은 일 년, 열두 달 뜨는 달 중에 가장 큰 보름달이다. 질병이나 재앙을 물리치는 밝음의 상징으로, 농사의 시작일로 여기는 풍습도 있다. 현재도 지역에 따라 전통 행사를 진행하고 있지만, 그때보단 많이 퇴색되고 변질하여 가는 것 같다. 부럼도 볶은 콩, 튀긴 콩 등 요리 방법이 다양하여 옛날 추억을 떠올리기 무색케 한다. 그래도 각종 부스럼을 예방하고 이齒를 튼튼하게 하려는 뜻으로 날밤, 호두, 은행, 잣, 땅콩 등 견과류를 깨무는 풍속은 지금도 다를 게 없는 것 같다.

'정월에 뜨는 달은 새 희망을 주는 달'이란 노랫말이 있다. 저마다 가지각색의 소망이 있겠지만 올 한 해 나에게는 특별한 소망을 담고 싶다. 33년간 몸담았던 직장생활을 잘 마무리하게 해달라고, 며느리에게 새 식구를 갖게 해달라고, 그리하여 가족 모두 건강하고 희망이 넘치는 해가 되게 해달라고.

중천에 뜬 휘영청 밝은 보름달이 참 아름답다.

노을, 별을 품다

아이는 물 빠진 모래톱을 헤집으며 조개잡이에 여념이 없다. 진득하게 자리를 잡지 못하고 이곳저곳 호미질에 열을 올리는 중이다. 조금 떨어진 곳에서는 팔짱을 낀 젊은 남자가 그런 아이를 말없이 지켜보고 있다. 가물가물 수평선을 끌고 가는 몇 척의 선박과, 바다를 아우르는 산자락들이 연출하는 그림 같은 풍경 속에서 그의 뒤태가 듬직해 보인다.

나는 멀찍이 솔밭공원 그늘에서 아들과 손자가 연출하는 풍경을 지그시 바라보고 있다. 아버지이자 할아버지인 나는 이제 등장인물 3 정도로 비중이 줄어들었을 것이나, 그마저도 뿌듯하다. 간만에 3대가 낙동강 하구에서 저마다의 추억 한 컷을 곱씹고 있는 중이다.

고작 다섯 살짜리 손자에게는 오래된 추억이 있을 리 없다. 며칠 전 보았던 조개잡이 영상이 고작일 것이다. 숨구멍을 찾아 소금을 넣고 기다리다 고개를 내미는 '쏙'이란 가재와 '맛조개'를 주워들고 환호성을 지르던 또래 아이들의 영상이었다. 오늘은 다시 내일의 추억이 될지니, 영상 속의 주인공이 마냥 부러웠던 손자는 물에 퍼질러 앉아 가장 열심히 추억을 만들어내고 있다.

아마도 아들은 손자 나이 때쯤 넓은 백사장에서 텐트 치고 놀던 추억을 되새기고 있지 않을까. 유난히 물을 무서워했던 아이지만 이곳에서만큼은 두려움을 잊고 마음껏 풍덩거렸다. 수심이 얕아 고만고만한 아이들에게는 최적의 놀이터였고, 백합, 재첩, 참조개, 칼조개, 민들조개 등의 다양한 조개잡이 체험을 한 곳이라 적지 않은 추억이 남아 있을 것이다.

아들은 손자의 조개잡이가 소득이 없이 끝날 것이라는 사실을 알고 있는지도 모른다. 죄 서툰 고사리 손의 호미질에 걸려들 조개가 어디 있겠는가. 어린 시절 아버지의 손을 빌렸던 기억이 남아 있다면, 자식의 추억 만들기를 위해서라도 참을성 있게 기다려 줄 것이다. 그러다 한두 마리 정도 잡을 수 있도록 손을 보태면서 그 옛날 아버지의 모습을 대물림하고 싶다.

슬그머니 발길을 돌린다. 그리고 보니, 낙동강 하구가 대대적으로 개발되어 있다. 해묵은 사진첩 속에서 흑백 사진 한 장 정도로는 남아 있을 법한 장소가 주차장으로, 공원으로, 소나무 숲으로, 갈대밭으로 변해 있다. 새로 조성된 오솔길을 따라 걸으며 이리저리 꿰맞춰 보지만 옛날과 오늘이 딱 맞아떨어지는 곳은 찾기 어렵다.

학창 시절 친구들과 기마전이나 달리기를 하던 곳이 어디쯤이었을까. 직장 생활 중에 야유회를 가서 부서 대항 축구 경기를 하던 장소 또한 오리무중이다. 물론 아들과 조개를 잡으며 놀았던 곳을 정확히 가늠할 수 없는 것도 매한가지다. 새삼, 익숙한 것을 낯선 것으로 치환시켜 버리는 세월의 위력을 실감하게 된다.

나는 낙동강 칠백 리 허리께에 자리 잡은, 남강과 낙동강의 합류지, 거름강이라는 곳에서 유년을 보냈다. 친구들과 멱 감고 장난치며, 조개를 잡던 추억을 그곳에 남겨둔 채, 고향의 기강나루 나룻배를 타고 부산으로 떠나왔다. 세월이라는 물길을 따라 삶에 휩쓸리고 무두질을 당하느라 그간은 고향을 곱씹어 볼 여유가 없었다. 허옇게 색이 바랜 머리를 하고서야 그때 그 시절에 문득문득 발목이 잡히곤 한다.

저물녘의 우수 때문일까. 살아있는 모든 것들이 귀소본능으로 허둥거리게 되는 시간, 생각의 촉수가 자꾸만 유년의 어느 한 시절로 치닫는다. 그런들 어제는 다만 돌아갈 수 없는 시간일 따름이니…. 만감이 교차하는 머릿속으로 웃지 못 할 희극 한 토막이 불쑥 소환된다.

중학교 시절, 친구를 따라 재첩잡이를 간 적이 있었다. 벗은 옷을 갈대숲에 고이 모셔두고는 물놀이에 정신이 팔려 미처 밀물이 들어오는 낌새를 알아채지 못했다. 화들짝 강을 벗어났을 때는 이미 사방이 물에 잠긴 후였다. 아무리 머리를 굴려도 옷을 맡겨놓은 갈대 덤불을 찾을 수가 없었으니, 낭패도 그런 낭패가 있으랴. 결국, 팬티 바람으로 귀가해야 했던 해프닝의 근원지가 이곳이기도 하다. 그

낯붉혔던 시간마저 잔잔한 미소로 남을 만큼 세월이 흘렀다.

아들은 장성하여 가정을 이루었고 손자까지 안겨 주었다. 손자의 재롱을 볼 때마다 가을걷이만은 풍성하게 했다는 자부심으로 충만해진다. 손자로 인해 웃고, 손자 덕분에 삶이 더욱 진중해진다. 그 귀엽고 앙증맞은 목숨 하나가 얼마나 큰 에너지원이 되는지, 때로는 세상을 향해 만석의 풍요를 외치고 싶은 치기까지 생긴다.

바다가 강물을 포근하게 안아주듯, 나도 손자와 아들을 계속 품 안에 두고 싶다. 그러나 그것은 욕심일 뿐이라는 것을 안다. 내가 그러했듯, 따스하고 포근한 둥지를 찾은 새가 옛 둥지로 돌아오기는 쉽지 않다. 현실을 빨리 깨닫는 것이 노년을 편히 살 수 있는 방편일지니. 그저 손자를 볼 때마다 눈과 귀를 열어 녀석의 일거수일투족을 저장하느라 남모르게 분주할 뿐이다.

다대포 하구는 일출과 일몰을 함께 볼 수 있는 곳이다. 동해와 남해가 만나는 전국 유일의 하구이기 때문이다. 일출의 광경은 보지 못했지만, 일몰의 아름다움은 보아야겠다는 생각으로 궁둥이를 붙이고 앉는다. 어느새 조개잡이를 끝낸 손자도 젖은 옷을 갈아입고 내 곁으로 다가온다. 조가비 같은 손을 잡아 무릎에 앉히고는 서쪽을 향해 자세를 고쳐 잡는다.

산자락으로 노을 색이 짙어간다. 조금 남은 햇살은 일렁이는 강물에 아지랑이처럼 번진다. 그 위로 붉은 물감이 풀리고 동양화 한 폭 같은 풍경이 서서히 열리기 시작한다. 일출이 생동감이라면 일몰은 장엄함이다. 온종일 대지를 달구던 태양은 하구를 물들이는 것으로 쇠락해지고 있다. 제 소임을 끝내고 돌아서는 태양의 등은 허무한 비감보다는 숙연함을 불러일으킨다. 점점 희미해지는 노을 속에서 내가 가야 할 바를 추스르게 된다.

어스름한 하늘에 별 하나가 모습을 드러낸다. 태명이 '큰 별'이었던 손자의 초롱초롱한 눈망울을 닮은 별이다. 다가오는 내일은 손자가 밝혀 나갈 시간이다. 저 작은 별이 사방을 환히 비추는 것처럼, 손자도 어디에서 어떤 모습으로 살아가든 별 같은 존재가 될 수 있도록 눈을 닦고 귀를 열어주는 것이 노을로서의 내 소명일 것이다. 느릿느릿, 걸음걸이마저 나를 닮은 손자가 내 손을 꼭 잡고 별을 맞는다. 세월로 노을이 된 내 어깨 위로 별빛이 내려앉는다. 콧날이 시큰해지도록 따뜻한 이 순간, 다대포는 낮보다 밤이 더 아름다운 곳이다.

어느 추석의 만감

　여객선 선미船尾에서 프로펠러가 일으키는 하얀 물거품을 바라보고 있다. 배는 연신 수면水面을 할퀴어 꼬리연鳶처럼 긴 물띠를 끄집어낸다. 잔잔하게 부서지는 포말이 거대한 메밀꽃밭을 연상케 만든다. 설핏설핏 스쳐 가는 크고 작은 알섬에 파도가 부딪쳐 일으키는 수말 또한 시원스럽다. 남실대는 물결은 햇살이 만들어 내는 윤슬로 눈부시다. 바다가 연출하는 만화경 같은 풍광에 갑갑하고 무거웠던 마음이 다소간은 씻기는 듯하다.

　정면의 현두舷頭를 조준기 삼아 마치 내가 선장이나 된 듯, 먼 바다의 항로를 따라 거침없이 나아간다. 머리 위로 아름다운 꽃구름이 흘러가고, 갈매기는 호위무사가 되어 여객선을 뒤따른다. 얼마의 시간이 흘렀을까. 굼실굼실 물결치는 수평선 위로 가마득한 섬 하나가 점점 다가오고 있다. 통영 사량도다.

구월 초순에 펜션을 예약했다. '입추는 배신해도 처서는 배신하지 않는다.'는 말이 무색하게, 처서까지도 지난 지 한 주를 넘겼다. 옛글에 처서가 되면, 가을은 '땅에서는 귀뚜라미 등에 업혀 오고, 하늘에는 뭉게구름 타고 온다.' 했다지만, 올해는 좀체 무더위가 물러가지 않았다. 그러던 차에 큰아들이 여행을 다녀오자는 제안을 해왔다.

그렇지 않아도 한증막 같은 불볕더위와 열대야에 지쳐 체력에 한계를 느낄 때쯤이라, 그렇게 반가울 수가 없었다. 피폐해진 심신을 회복하는 데는 여행만 한 묘약이 없을 것 같았다. 기쁜 마음에 덜컥 작은아들 가족까지 동참시키는 것으로 일을 키웠다. 큰아들은 모처럼 부모님과 오붓한 시간을 갖고 싶어 했을 터이지만, 평소처럼 상대방의 의중을 헤아리지 않고 독단적으로 결정하고 말았다.

자식들도 자신들만의 생각과 계획이 있었을 터이다. 한데도 누구 하나 불응하지 않고 매번 따라와 주었다. 그래서일까. 종심從心이 지나도록 당연한 듯, 악습을 고치겠다는 생각을 하지 못하고 살아왔다. 늦었지만, 불혹지년不惑之年이 한참 지난 자식의 의견을 존중하고 배려해야 할 때이다. 아니나 다를까. 아내는 눈살을 찌푸리며 지청구를 쏟아 놓았다.

그러한들 아내의 타박 정도야 뭐가 그리 대수이겠는가. 태산이 무너져도 견딜 것 같은 든든한 울타리이자, 천군만마 같은 존재가 자식들이니. 앞에 보이는 것만으로도 마음이 편안해진다. 물론 당장은 미안하기도 하지만, 그것도 잠시뿐. 비례하여 얻게 되는 행복의 맛을 알기에 끝까지 밀어붙였다.

이런저런 곡절을 겪으면서 떠나는 추석 연휴 동안의 일탈逸脫은, 수 대數代에 걸쳐 전승되어 온 명절 가풍을 변화시킨 결과물이다. 불과 몇 년 전까지만 하더라도, 뼈대 있는 가문답게 명절 차례는 집안의 큰댁부터 시작하여 작은집까지 순차적으로 옮겨 다니며 지냈다. 이른 아침에 시작한 집안 순례는 오후가 되어야 끝이 났는데, 한 마을에 옹기종기 모여 사는 집성촌도 아닌 도시에 살면서도 유지되었다. 그런 날이면 단골 대화 메뉴 중 하나가 국외여행을 떠나는 사람들에 대한 성토였다. 명절 차례도 지내지 않고 여행을 떠나다니, 근본도 없는 사람들이라며 괜히 열을 올렸다.

그 시각 여성들은 손님을 접대하기 위한 상차림에 TV 앞 남정네들보다 더한 열기를 내고 있었지만, 누구 하나 '수고한다.', '고생했다.'는 시원한 격려 한마디 없었다. 명절 차례상 준비나 손님 음식 상차림은 당연하게 여자들의 몫이라는 편협한 사고방식. 감사하게도 며느리들은 그런 고지식한 남자들에게 토를 달지 않았을 만큼 심성이 고왔다. 특단의 조치가 없고서는 해결 기미가 좀체 보이지 않던 시기에 코로나라는 희대의 전염병이 그 역할을 해주었다.

세계를 휩쓴 코로나 19의 팬데믹 기간 동안 가정과 사회에서 많은 변화가 일어났다. 명절날의 미풍양속도 피해 갈 수 없었다 좀체 허물어질 것 같지 않던 단단하고 견고한 관혼상제라는 철옹성도, '이번 명절엔 집에 오지 마라'는 현수막 하나에 홍수에 둑이 터지듯이 무너져 내렸다. 꿈에서도 기다려지는 자식과 손주들이지간, 위험을 담보하고서라도 귀향을 고집할 부모가 어디 있으랴. 오지 않고 가지 않는 분위기가 자연스러워질 즈음, 명절 차례 대신 벌초를 겸한 성묘로 대체하는 묘수가 등장했다.

그뿐만이 아니었다. 그동안 감내한 노고에 대한 보상 심리가 작용한 것인지, 부모님 기제사를 두 번에서 한 번으로 합제合祭 하자고도 했다. 또한, 자정이 넘어 지내던 제사 시간도 초저녁으로 당기자는 것이었다. 전통이라는 굴레를 쓰고 깊게 박혀 있던 무거운 돌덩이를 하나둘 빼내는 혁명은 그렇게 완성되었다.

문제는 조상님들이었다. 급격한 변화에 얼마나 정신이 없으실 것인가. 그쪽 세상에도 소문이라는 게 있다면 이승에서 일어난 저간의 사정을 이미 훤히 읽고 계실 것이라 애써 위로를 해보지만 죄송한 건 마찬가지였다. 그렇다 한들 점점 명절의 의미가 퇴색되어 가는 요즘이다. 자식 세대에까지 봉제사접빈객奉祭祀接賓客의 간단치 않은 의식을 강요할 수도 없을뿐더러, 지켜지기나 할 것인가. 다만 가풍도 살리고, 실리도 챙길 수 있는 더 나은 대안은 없었을까 하는 아쉬움은 있다. 소심한 나의 성격상 밖으로 내뱉을 용기가 없어 마음속에 담아둘 뿐이지만.

갑판 위에서는 갈매기 떼가 펼치는 곡예에 환호성을 지른다. 공중으로 던져진 새우깡을 낚아채는 묘기와 손에 쥔 새우깡을 날쌔게 채가는 재주에 감탄하며 번갈아 기념 촬영을 하느라 법석이다. 잠깐 허전함을 달래느라 상념에 잠기기도 했지만, 이 순간이 얼마나 행복한가. 사랑을 가득 실은 여객선이 사량도 정박지로 서서히 입

항하고 있다.

펜션에 도착하고 보니 많은 분이 섬에서의 휴가를 즐기는 중이다. 주변 야영장까지 빈자리 하나 없이 꽉 차 있다. 나이가 지긋한 부모들과 함께 온 가족들이 대부분이다. 평소 주변에서 명절 차례를 없앴다는 얘기를 심심찮게 듣고 있었지만 내 눈으로 보니 실감이 된다.

손자의 물놀이에 동참하고 있는 작은아들, 그런 모습을 흐뭇하게 바라보는 아내와 며느리의 따뜻한 시선은 이번 여행의 백미다. 게다가, 희고 긴 백사장 품으로 스며들며 사그라지는 파도, 먼 바다 저편의 아름다운 노을까지 간만의 평온한 망중한을 즐기기에 부족함이 없다. 큰아들과 밤낚시 채비를 위해 그곳을 벗어나며 어두워지는 하늘을 바라본다. 첫 일탈이 익숙지 않아서인지, 한편으로는 즐겁지만, 한편으로는 마음이 편치만은 않다.

"감히 고하노니, 불초는 올 추석 차례를 통영 사량도에서 신위神位도 없이 마음으로 지내고자 합니다. 소원所願하자면 생전 어여삐 여기셨던 손자들에게 왕림하시어 함께하시면 더 바랄 것이 없겠습니다."

먼 어디쯤에서 자식들의 평안을 내려다보고 계실 부모님을 향해 가만히 읊조려본다.

은근초 사연

　'은근초隱根草'란 속명을 가진 채소가 있다. 옛날 대감님들의 원기 회복을 위해 은근히 밥상에 올린다고 하여 붙여진 이름이다. 속전에 의하면 남의 눈에 띄지 않는 뒤란에 비밀스럽게 가꾸어 먹었다고도 한다. 드러나게 많이 심으면 그 집 마나님의 음욕을 간접적으로 시사한다나.

　은근초는 여러 가지 영양분을 골고루 가지고 있는 한해살이 채소, 상추다. 쌈 문화가 발달한 우리나라에서는 자주 밥상에 오르지만, 해초류를 비롯하여 다양한 채소가 넘쳐나는 요즘이라 딱히 주인공이라 할 수는 없다. 그러나 나처럼 쌈을 즐기는 사람의 경우 상추가 빠지면 뭔가 2%쯤 부족한 듯 심심하다. 상추는 비타민 A, C와 베타카로틴, 철분, 아미노산 등이 풍부하고, 예로부터 복을 싸 먹는다고 하여 대접을 받아왔다. 혈액을 맑게 하고 저혈압 예방에 도움이 된다고 하니 너나없이 육류를 많이 섭취하는 요즘 감추기는커녕 드러내놓고 권장해야 할 채소가 아닐까 싶다.

시골 출신이라 하기에는 어설픈 구석이 많지만, 나는 어디서나 꼭 촌놈으로 행세하는 편이다. 좀 더 솔직하게 얘기하면 출신은 시골이 맞지만, 농촌 생활은 그리 길게 하지 않았다. 흙의 맛을 알기도 전에 도시로 이사를 왔으니, 감자나 고구마를 심고, 채소를 가꾸는 경험이 일천할 수밖에 없었다.

흙으로 고달픔을 당해보지 않아서일까. 나이가 들어가며 흙을 더욱 그리워하게 된다. 나는 조그마한 공간만 있으면 화단을 만들어 상추, 쑥갓 등을 심을 궁리를 하고, 아내는 기겁을 하며 사서 먹자고 말린다.

오래전 단독주택 2층에서 몇 년을 살았다. 베란다가 넓은 집이었는데, 채소를 심을 요량으로 블록을 이용해 화단을 조성했다. 상추, 쑥갓, 근대 등은 물론, 나팔꽃, 수세미, 조롱박도 함께 심어 옥상으로 줄을 올렸다. 여름이 되면 나팔꽃의 아름다움이 그동안의 노고를 상쇄시켜 주었다. 주렁주렁, 수세미와 조롱박이 자태를 뽐내는 가을은 더욱더 장관이었다. 그런 호사를 누리기까지 물을 주고 보살피는 일이 줄곧 아내의 몫이었다. 사실 도시에서 나고 자랐지만, 어릴 적부터 집 주변의 텃밭 경험을 나보다 많이 했다. 그러니 그것들을 건사하는 실력도 아내가 나보다 훨씬 나을 수밖에 없다.

사정이 이러하니, 아내는 텃밭을 만들거나 주말농장 등을 이용한 취미 생활을 결사반대한다. 나는 촌놈 흉내를 내고 싶은데, 결국은 모든 일이 아내 차지가 될 것이 불을 보듯 뻔해 선뜻 밀어붙이지도 못한다. 하긴, 여태 그래 왔으니 무슨 반론이 있겠는가? 말없이 고개를 숙일 수밖에. 이런저런 사유로 마음뿐인 채소 가꾸기는 꿈으로 남겨둔 채, 내가 유독 좋아하는 상추는 사서 먹는 것으로 위로를 받고 있다.

얼마 전, 작은아들 내외가 온다고 해서 먹거리 준비에 부산을 떨었다. 모처럼 오는 것도 아니고 거의 매주 오다시피 한다. 그런데도 음식 준비에 진심인 것은 순전히 손자 때문이다. 입이 짧아서 이것저것 잘 먹지 않아 신경이 쓰였는지, 그날은 특별식으로 튀김 종류를 할 거라 했다.

고구마와 새우를 사서 다듬고, 덤으로 며느리가 좋아하는 오징어까지 냉동실에서 꺼냈다. 해동하여 준비하는 과정에서 물기가 남아있었던 모양이다. 튀김용 기름을 팬에 부어 가열시키고 재료를 넣는 순간 기름이 튀는 바람에 아내는 손등에 화상을 입고 말았다. 나이 탓인지 요즘 요리하다 다치는 일이 잦다 싶더니 그예 사고가 났던 셈이다.

일요일이라 적당하게 간이 치료를 한 후, 다음날 아침 병원에 가서 진료를 받았다. 생각보다 상처가 심했다. 의사는 보름 정도는 치료해야 완치가 되겠다고 했다. 처방전을 발급하며 이틀 후에 다시 오라는 의사의 말을 무시한 아내는 집에서 자가 치료를 한다고 고집을 부렸다. 하는 수 없이 한 손이 불편한 아내를 위해 거즈와 가위를 찾고 일회용 밴드를 챙기는데 갑자기 혼자서 하겠다며 화를 내는 것이 아닌가.

무더운 날씨 탓이었을까. 아니면, 굼뜬 내 행동이 마음에 들지 않았을까. 무슨 사유로 짜증을 내고 화를 부리는지 도통 알 수가 없었다. 나는 다친 아내를 위해 조용히 치료용품을 챙기는 것을 도와준 죄밖에 없다. 뒤로 한발 물러서 멀뚱히 쳐다보다가 돌아섰다.

눈앞에 어른거리지 않는 것이 상책일 것 같아 내 방으로 자리를 옮겼다. 책상에 앉아 생각하니 섭섭한 마음이 들고 기분이 언짢아졌다. 아픈 아내를 이해해야겠다는 마음은 어디로 갔는지, 내 기분에 사로잡혀 옹졸함만 키우게 되었다.

"아이스크림 사 올까?"

늦은 오후, 아내도 미안했던지 먼저 말을 걸었다. 좀스럽게도 한번 감쳐문 입은 좀처럼 열리지 않았다. 눈을 내리깔고 아내의 말을 귓등으로 흘리며 외면해버렸다. 대수롭지 않은 투정이었는데, 그날따라 쉽게 마음이 풀리지 않았다.

다음날 이른 아침, 아내는 상추를 심어 달라며 머리맡에 씨앗을 던져 놓았다. 아무래도 아이스크림을 사러 갔다가 같이 사 온 모양이었다. 아내가 보내오는 화해의 몸짓이랴 싶어 못 이기는 척 베란다 공간에 적합한 화분 네 개를 놓고 씨앗을 뿌렸다. 다행히도 이틀 만에 싹이 보이더니 나흘이 지나자 제법 상추의 모양새를 갖추기 시작했다.

하루가 다르게 자라는 상추가 신기한지, 아내는 사진을 찍어 손자에게 보여 주겠다며 한껏 상기가 되었다. 게다가 이틀마다 상추를 촬영해 가며 성장 일기까지 쓰기 시작했다. 나름 손자와 마음을 공유하기 위한 할머니의 진심 어린 몸짓이었을 게다.

과정이야 어찌 되었든 내게는 반가운 변화였다. 우여곡절 끝에 시작된 아내의 농사는 지금도 대풍의 꿈을 키우는 중이다. 덕분에 집안에 생기가 돌고 아내와 나의 부부 전선에도 은근슬쩍 평화가 찾아왔음은 물론이다. 은근초가 제 노릇을 톡톡히 하고 있다는 의미가 아닐까.

모든 일에는 때가 있는 법이라 아내의 은근초가 밥상에 오르려면 시간이 필요할 것이다. 그때까지는 아내의 수고로움에 기대어 촌놈 기분을 제대로 만끽해도 좋을 성싶다.

다슬기 스캔들

　토요일 한낮, 야영장에서 철수하는 중이다. 아침에 챙겨 왔던 짐들을 어깨에 멘 것도 모자라, 양손에 바리바리 들고는 주차장으로 향했다. 멀찍이서 진원지를 알 수 없는 자동차 엔진 소리가 어렴풋하게 들린다. 도착하고 떠나는 일이 무시로 일어나는 곳이니 그러려니 한다.

　반전은 늘 생각지 못하게 일어나는 법이던가. 귀가를 위해 트렁크에 짐을 넣다 혹시나 하는 마음으로 차체에 손을 대어 본 순간, 뒤통수를 한 대 맞은 기분이었다. 손끝을 타고 온몸으로 전해지는 진동. 깜짝 놀라 용수철이 튕겨 나가듯 한 걸음 물러설 수밖에 없었다. 다행히 아내는 멀찍이서 오고 있어, 심각한 사태를 거니채지 못한 것 같다.

　심호흡과 동시에 재빨리 차에 올랐다. 방금 시동을 켠 척할 심산이었건만, 웬걸. 차 속이 더 문제다. 한나절 동안 엔진이 과열된 데다, 태양의 열기로 고무 타는 냄새가 매캐하여 숨쉬기조차 힘들다. 불이 나기 일보 직전이라는 위기감이 엄습한다. 차의 열기를 식히고 마음도 갈앉힐 겸, 최대한 자연스럽게 시동을 끄고는 잠시 쉬었다 가자며 아내를 나무 그늘로 이끌었다.

어제 오후였다. "여보! 내일 다슬기 잡으러 가자" 아내는 뜬금없는 말을 던지고는 나를 바라보았다. 전혀 예상하지 못한 제안이었다. 표정이 진지한 것으로 보아 빈말은 아닌 듯 보였다. 더운 날씨에 에어컨 아래 편히 쉬고 싶은 마음이 더 컸던지라 "뭔 다슬기. 고마 사 먹어라. 그기 싸게 치인다." 퉁명스레 던지고는 TV를 시청하고 있는데 옆이 조용했다.

너무 단호하게 거절했나. 속으로 은근히 겁이 났다. 자존심이 상한 아내가 화난 얼굴로 나를 째려보고 있을 것 같아 돌아보기도 난감했다. 숨소리를 죽이고 귀를 쫑긋 세워 동태를 살피는 와중에도, 과거 몇 번의 시도가 죄다 실망으로 끝난 기억이 되살아났다. 그때도 사전 정보 없이 훌쩍 떠난 것이 화근이었는데, 또 즉흥적인 결정을 하려 했다.

항상 그래 왔듯이 포기했을 것으로 생각하고 있는데, 밀양 단장면 계곡으로 가자며 스마트폰을 불쑥 내밀었다. 폰의 내용은, 누군가 지난여름 아이들과 다슬기 잡이 체험을 하고 남겨놓은 후기 정보였다. 자세히 보니 다슬기를 잡은 것보다 아이들과 즐긴 글 중심이었다. 다슬기는 한 줌 정도가 그릇에 담겨 있었다.

헛고생할 것이 뻔해 보이지만 거절하기 어려운 상황이었다. 짧은 순간, 생각을 정리해 보았다. 나쁜 시력으로 애써 검색했을 텐데, 거절하면 정말 섭섭해 할 것이었다. 실패로 끝날망정 아내의 의견에 순종하는 것이 편안할 것 같기도 했다. "갈라 카면 시원한 아침 일찍 가자."는 말로 달갑지 않은 동의를 표했다.

오늘 이른 새벽, 묵직하고 더운 공기를 타고 도마질 소리가 요란스럽게 들려왔다. 순순히 동조는 했지만, 도살장에 끌려가는 소가 내 마음과 같은 기분일까 싶었다. 어제 한 말이 있으니 기분 좋게 떠나자고 스스로를 달랠 수밖에. 세면대로 가면서 부엌을 곁눈질하니, 아내는 김밥 재료 준비에 한창이었다. 언제 일어났는지 화장이며, 차림새까지 출발 채비가 끝난 상태였다. 김밥을 준비하는 동안 캠핑 도구를 챙기기로 했다.

사실 아내가 이렇게 다슬기 잡기에 진심인 것은 다슬기탕 맛을 알고부터였다. 단짝 친구가 자주 이용하던 식당에서 맛을 본 이후로, 소문난 맛집을 찾아다닐 정도로 마니아가 되었다. 어쩌다 시골 장터를 가거나, 여행할 때는 빼놓지 않고 사오는 품목 중 하나가 다슬기다.

다슬기를 삶은 파란 국물은 따로 보관한다. 간 건강이나 숙취 해소, 뼈, 혈관, 눈, 빈혈 개선에 도움을 준다는 정보 때문이었다. 국물을 우려낸 다슬기는 큰 그릇에 담아 바늘 등을 이용하여 알갱이를 빼내었다. 주둥이에 바늘을 꽂고 고둥을 살살 돌리면 깊숙한 속까지 빠져나왔다. 수양하는 자세로 임하지 않으면 힘든 작업이었지만, 아내와 머리를 맞대고 오순도순 손질하다 보면 덤으로 임도 보고 뽕도 따는 행복이 있다.

맛에 대한 좋은 추억은 오늘도 아내를 달뜨게 하는가 보았다. 나무 그늘에 텐트를 치기가 무섭게 스마트폰을 통해 7080 노래를 켜놓는다. 함께한 긴 세월 동안 그 흔한 콧노래도 불려 본 적이 없는 사람이, 듣기는 참 좋아한다. 소싯적에는 성당 성가대에서 활약했다는데, 노래를 부르지 않는 것이 불가사의하기는 하지만.

음악과 초원, 그리고 한 여인의 망중한. 한 폭의 그림이었다. 아내의 사색을 방해하지 않기 위해 조용히 빠져나와 주변을 산책했다. 고요하고 한적한 푸른 들녘은 눈 깜박이는 순간도 아까울 만치 아름다운 풍경을 연출한다. 바람결에 이름 모를 꽃들이 춤을 추고, 꽃과 유희에 빠진 나비까지 가세한다. 꽃말이 행복이라는 백일홍도 자태를 뽐내고 있다. 화무십일홍花無十日紅이라는 말이 슬퍼지는 아름다움이다.

아내의 소원 풀이를 위해 하천으로 발길을 돌린다. 이곳저곳 돌을 들춰가며 다슬기를 찾아보지만 보이지 않는다. 이번 출정도 허탕이란 생각에 등을 펴고 아내 쪽을 흘끗 바라본다. 실망할 표정이 눈에 아른거린다.

그때였다. "악, 여보!" 아내의 비명이 귀청을 때렸다. 댓바람에 달려가 보니, "저기 뱀, 뱀이 지나갔다." 하얗게 질린 얼굴로 말까지 더듬는 것이었다. 텐트 앞 농수로에 물뱀 두 마리가 어슬렁거리고 있었다. 산 뱀을 가까이서 직접 본 일이 없는 사람이라 기겁을 한 모양이었다. 커다란 토끼 눈에 두려움을 가득 담고, 그만 돌아가자고 채근했다. 이렇게 반가울 수가. 불감청不敢請에 고소원固所願이 꽉 들어맞는 순간이었다. 내심을 감춘 채 "가는 길에 시원한 카페에서 빙수나 시켜 먹자"는 말로 아내를 위로하며 짐을 챙긴 참이었다.

물끄러미 차를 바라보고 있자니 헛웃음이 난다. 나의 실수가 자칫 큰 사고로 이어질 뻔했다. 돌아오는 길, 뱀에 놀란 아내와 차에 놀란 나. 우리는 서로 말이 없다. 곡절이 많은 날인지, 오늘따라 그 흔한 카페까지 눈에 들어오지 않는다. 다슬기의 조화인가 보다. 아내의 한마디가 더운 침묵을 깬다.

"여보, 다슬기는 사서 먹자."

제트기 코鼻

눈물이 말라버린 줄 알았다. 가슴이 무너져 내리는 슬픔을 겪었을 때도 속으로는 사자처럼 울었지만, 눈물은 보이지 않았다. 살면서 맞닥뜨리는 크고 작은 난관 앞에서도 눈물을 흘린 기억이 없어, 나란 남자는 감성이 부족하다고만 생각하며 살아왔다. 그런데 폭포수처럼 뺨을 적시는 눈물이라니.

알 수 없이 흐르는 눈물을 휴지로 닦아주며 아내가 묻는다. "왜, 인생이 갑자기 허무해졌나, 뭔 눈물을 이렇게 많이 흘리지?" 옆에 있던 아들놈은 한술 더 뜬다. "아이고, 우리 아버지 이제 정말 늙었나 보네." 병상에 누워 있는 나에게 모자가 의기투합이라도 한 것처럼 원투 스트레이트를 사정없이 날린다. 그런들 현행범으로 딱 걸렸으니 무슨 변명을 할 수 있으랴. 분명한 건 인생이 허무하거나, 갑자기 늙어 보여서는 결코 아니라는 것이다. 치료 부위가 아파서 우는 것은 더더욱 아니다. 지금의 내 마음은 잔잔한 호수처럼 너무도 평온할 뿐이다.

학창 시절 운동을 하다 코를 다친 일이 있었다. 주변에 병원이 흔하지 않던 시절이라 자연치유를 택했다. 그래서인지 코의 비중격 연골이 휘어져 버렸다. 환절기만 되면 코 때문에 겪어야 하는 고초가 만만치 않았다. 숨쉬기가 불편해서 코를 벌렁거려야만 했다. 오죽했으면 아들이 제트기 날아간다며 놀렸을까. 콧구멍으로 거칠게 들숨 날숨을 몰아쉬면, 흡사 제트기 엔진에서 나는 소리 같다며 붙인 별칭이다. 그 제트기 코 연골을 바로 세우는 '비중격 만곡증' 수술을 하고 누워 있는 중이다.

"어제 깜빡 얘기를 못 해 드렸는데, 코 수술을 하고 나면 눈물이 많이 납니다." 다음날 아침, 수간호사가 병실을 돌아보며 던진 한마디로 구겨져 버린 체면을 다소나마 되살릴 수 있었다. 코에 넣은 거즈가 눈물 통로인 '비루관'을 막아 그렇단다. 그러면 그렇지. 사유를 알고는 피식 웃고 말았다.

코를 막았으니, 숨쉬기만 힘든 줄 알았다. 의학 상식을 모르는 나로서는 수간호사의 설명이 없었다면 코가 눈물의 통로 역할까지 하는 줄 어찌 알았겠는가. 듣고, 보고, 먹고, 숨 쉬는 등, 이목구비耳目口鼻의 기능이 각각 독자적으로 끝나지 않는다는 것, 서로가 의지하고 보완하며 균형을 잡고 있다는 절묘한 조화에 감탄할 뿐이다.

화가들이 사람 캐릭터를 그릴 때 가장 많이 신경을 쓰는 곳이 바로 콧방울이란다. 그 사람의 성격이나 특성을 해학적으로 풍자하기

가장 좋은 곳이 코라는 반증일 게다. 유명 인사들의 캐리커처가 대부분 코를 중심으로 그려져 있는 것만 봐도 코가 그 사람의 특징을 대변하는 역할을 한다는 걸 알 수 있다.

그뿐만 아니다. '클레오파트라의 코가 한 치만 낮았더라면 세계 역사가 바뀌었을 것'이라는 파스칼의 말을 보면 코는 아름다움의 잣대가 되기도 한다. '콧대가 높다'라든지 '코가 납작해진다'든지 우리가 흔히 쓰는 말 속에서도 코의 역할은 지대해 보인다. 자존심을 대변한다고 할까. 안면부顔面部의 정중앙에 우뚝 솟은 코. 나의 유일한 자랑거리인 날렵한 제트기 코에 칼을 댔으니, 눈물이 날만도 하다 싶다.

콧속의 거즈를 제거한 날, 초특급 태풍이 휘몰아쳐 왔다. 그 바람은 지금까지 경험하지 못한 강풍이었다. 양쪽 콧구멍을 따라 목구멍과 기도, 후두까지 영향을 주었다. 급작스러운 변화에 코가 바람의 양을 제대로 조절하지 못하는 현상인 것 같다. 사십여 년을 불편하게 보낸 보상인지, 제트기 코는 상승기류를 탔다. 새로운 세상을 만나는 기분이었다. 오랫동안 응어리져 답답하던 가슴의 체증이 내려가는 듯 상쾌했다.

그동안 코 때문에 스트레스를 엄청나게 받아왔다. 여러 사람과 합숙할 때는 코골이로 인해 누가 될까 봐 스스로 방구석 자리를 차지하고, 다른 사람들이 먼저 잠이 들 때까지 기다렸다가 잤다. 그러다 보면 정작 아무 말이 없던 사람의 코골이가 더 심하다는 것을 확인할 때도 있었다. 기록에 의하면 50세 이후의 남녀 절반이 코를 곤다고 한다. 그런데도 흡사 나만 코를 고는 죄인처럼 미안해하고 고민한 시간이 좀 억울하기도 하다.

정작 수십 년을 같이 산 아내가 더 괴로워했을 텐데, 따뜻하게 위로의 말을 해 본 적이 별로 없다. 아내도 잠자리가 불편하다 하여 날 나무라지 않았다. 영국에서는 코골이가 이혼의 세 번째 원인이라 한다. 우리나라도 수면 스트레스로 인한 불화 요인이 인정된 법원 판례가 있단다. 그런 면에서는 평생 동지인 옆지기에게 고맙고 미안했는데, 그 원흉인 코골이와 무호흡증이 많이 완화된 것 같단다.

수술의 효과는 그것만이 아니다. 우선 아침이 즐겁다. 자고 난 후의 머리와 몸이 너무도 가뿐하다. 항상 잠이 부족한 듯 하루의 시작이 피곤했는데 한결 활기차다. 머리도 상쾌하고, 천근만근 무거웠던 몸도 깃털처럼 가볍다. 거친 숨소리도 개선되었다. 몰아쉬는 숨소리에 민망한 일도 많았는데 들숨 날숨이 편해졌다.

물론 일시적인 역기능도 있다. 성대의 변화로 코맹맹이 소리를 가끔 낸다. 그 소리를 듣고 며느리가 배꼽을 잡는다. 시아버지 체면이 말이 아니게 되어 버렸다. 또 후각의 기능 저하는 미각 이상으로 이어져 향미를 느낄 수 없다. 주치의 말로는 조금 지나면 개선된다고 한다.

남은 인생에서는 잘 먹고 잘 자는 건강한 삶이 행복의 필수조건이 아니겠는가. 그 막중한 임무를 지고 있는 코가 제 기능을 찾았으니 그저 하루하루가 새롭기만 하다. 요즘 내 자존심의 상징인 날렵한 제트기 코는 날마다 하얀 비행운을 만들며 푸른 하늘을 서롭게 고공비행 중이다.

4부
동바리

돼지 수육에 소주 한 잔만으로도 다들 낯꽃이 화사하여 보기 좋다.
화려한 음식점의 오색 진미가 아니라도 충분하다.
바쁜 생활 속에서도 서로의 안위를 물어봐 주는 덕담이 최고의 안주다.
친구들의 정이 담겨 있고,
추억이 서려 있다면 수육 한 점인들 뭐가 부족하겠는가.
술에 취하고, 우정에 취하니 무릉도원이 따로 없다.
이 순간만은 우리도 당당한 동바리다.
한 명 한 명, 서로가 존재한다는 사실만으로도
오늘이라는 거대한 추억을 단단하게 무르익히는 동바리 말이다.

거름강

9월은 여름과 가을의 징검다리쯤 되는 달이다. 여름이라 하기에는 가을 냄새가 강하고, 가을이라 느끼기엔 여름에 가까운 날씨다. 하지만, 시월을 맞이하는 순간 순식간에 계절이 바뀌어 버린다. 볕의 그림자가 짧아지는 것만큼 하늘도 높고 쾌청해진다. 마음은 따뜻하니 풍족해지고, 얼굴을 스치는 바람에서는 시원한 맛이 묻어난다.

이때가 되면 내가 좋아하는 국화는 물론 코스모스, 맨드라기, 해바라기, 달리아, 칸나 등의 꽃들이 사위어가는 자연을 위무하듯 치장한다. 봄꽃이 짧고 빠르게 개화하고 소멸한다면, 가을꽃은 길고 느리게 피고 진다. 봄꽃이 삼라만상森羅萬象을 여는 꽃이라면 가을꽃은 마무리를 하는 꽃이다. 그래서일까. 이곳저곳 가을꽃을 주제로 축제도 많이 열린다.

시월 첫 휴일 아침이다. 밀린 글감을 정리한다며 컴퓨터 앞에 앉아 씨름하고 있었다. "안형, 댑싸리 축제 구경 가는데 오이소." 지인의 처가는 내 고향 인근이다. 주말농장도 돌보고, 꽃구경도 할 겸 해서 축제장으로 가는 중이라고 했다. 사실 고향 마을에 대단위 축제가 열리고 있다는 것을 처음 알았다. 기억 속의 댑싸리는 집 울타리나, 도로 경계용으로 심었다가 가을이 되면 빗자루로 쓰이는 나무였다. 꽃이 예쁘거나 외양이 화려하지도 않은 볼품없는 것이 축제의 주인공이 되는 세상이라니….

먼 길은 아니다. 한나절이면 다녀올 수 있는 곳이라 토요일 오후에 길을 나섰다. 벌써 세 돌을 맞이하고 있다는데 정작 나는 왜 몰랐을까. 자괴감을 가지고 도착한 곳은 넓은 둔치에 조성된 '호국 의병의 숲 친수공원'이다. 의령군 지정면 성산리 471번지 일원. 아직도 걸려 있는 홍보 현수막의 안내를 받으며 축제장에 들어섰다. 눈앞에 펼쳐진 핫(hot)한 가을꽃의 향연. 그 규모에 놀라고, 몽환적인 아름다움에 빠져들고 말았다.

몽실몽실 앙증맞은 댑싸리, 가냘픈 몸매로 산들산들 나비를 유혹하는 색색의 코스모스, 고양이 털처럼 폭신한 핑크뮬리에, 반짝반짝 별을 닮은 아스타 국화까지…. 감미로운 향기를 따라 꽃밭 사이를 걷는다. 수려한 자연과 가을꽃이 어우러진 풍경을 한가롭게 돌아보기에는 시간이 부족하다. 급한 마음을 내비치듯 가물가물한 먼 곳까지 시선이 먼저 달려간다. 신선경神仙景에 들어선 듯, 꽃의 향기에 취하고 고향의 향수에 빠져든다.

유년의 기억 속에는 공동묘지가 있었고, 우리 집의 옥토沃土가 있었던 곳이다. 축제장 중앙으로 나 있는 길의 위치가 그 옛날 공동묘지 가운데의 통길이지 싶다. 밭일하러 갈 때나, 창녕과 함안으로 나들이할 때, 오일장을 가기 위해서도 이 길을 수 없이 오갔다.

낡은 추억을 음미하며 꽃길을 걷다 보니 합강合江의 강변이 나타났다. 태백에서 발원한 낙동강 큰 줄기는 의령과 창녕을 동서로 가로질러 남으로 흐른다. 남강은 남덕유산 참샘에서 출발하여 함안과 의령을 남북으로 갈라서 동으로 흘러든다. 두 강이 합수식을 치른다고 하여 합강이라 부르며 의령, 창녕, 함안 세 군郡의 접경지인 이곳의 지명을 '기강岐江'이라 한다. 우리는 또 달리 '거름강'이라 불렀다.

거름강에는 꽤 유명한 '기강 나루'가 있었다. 유명세만큼이나 분주했던 나루의 옛 흔적은 어디에도 없었다. 강은 여전하되 백사장 언덕은 사라지고 옹벽은 옛 그림이 아니었다. 강 길을 이용하는 장사꾼들과 나그네의 휴식처였던 주막도 남아 있을 턱이 없다. 다만, 나룻배를 매어 놓았을 법한 위치에 녹슨 계선주繫船柱만이 유장한 세월의 영광을 되새기는 듯 쓸쓸히 자리를 지키는 중이다.

계선주에서 바라보는 강물은 정지한 듯 무심히 흐른다. 잔잔한 수면에 구름이 투영되어, 또 다른 하늘이 만들어진다. 간간이 불어오는 바람에 일렁이는 물결에서 은빛 별들이 쏟아져 반짝인다. 고요한 듯 흐르는 강물, 강섶 갈대가 만들어 내는 아름다운 풍경은 옛

아픔을 잊은 듯 무심하다.

　드나들기 편한 나들목이라는 지리적 이점 때문이었을까. 조선 시대에 일어난 임진왜란 때는 '천강 곽재우 홍의장군'의 의병군이 물길을 따라 북상하던 왜군을 격퇴해 첫 승전고를 울렸던 곳이다. 한국전쟁 때는 유엔군이 창녕군 강둑에 최후의 방어선을 구축하여 의령군에 주둔하던 인민군을 물리치기도 했다. 그러나 69년 9월의 어느 날, 기강 나루를 출발한 거룻배가 추석 대목장을 보고 귀환하던 중 범람한 홍수에 기관 고장을 일으켜 팔십여 명의 사상자를 낸 아픔을 지켜보아야만 했던 곳이다.

　무시로 일어나는 홍수 피해. 합강이 가지는 지리적 특성 탓에 두 강이 번갈아 가며 거친 물결을 토해 낼 때마다 마을과 들녘이 순식간에 물에 잠기곤 했다. 둑을 넘어 범람하기도 했고, 내수內水가 강물에 막혀 호수가 되면서 피해를 주기도 했다. 결국, 잦은 재해로 보릿동을 겪었고, 초근목피草根木皮로 연명하는 일이 다반사였다.

　그렇다고 꼭 피해만 있는 것은 아니었다. 평야라 하기는 턱없지만, 다른 지역에 비해 넓은 농경지는 홍수가 가져다준 사토沙土로 인해 걸고 기름진 비옥한 토지가 만들어지기도 했다. 인위적인 노력을 별로 들이지 않고도 땅콩, 수박, 무, 배추 등의 밭작물이 유독 잘 되었다.

　아득한 어느 때부터 삶의 터전으로 삼았던 거름강. 두 강의 물길이 할퀴고 간 자리에 수많은 생채기가 생겼지만, 흐르는 시간 속에 크고 작은 아픈 역사 또한 자연스레 아물어 왔겠지 싶다. 문득, 한 줄기 바람결에 서걱되는 갈댓잎 소리가 상념을 깨운다. 멀어지는 해가 어느덧 긴 그림자를 거름강 속으로 드리우고 있다. 역사의 궤적을 무한정 좇고 있기에는 가을볕이 짧다.

꽃보다 사람

어느덧 푸른 청춘의 혈기가 식어 버린 지금이다. 거친 폭풍우 속을 걸었던 지난 시절을 거름으로 삼기에는 너무 많은 세월이 흘렀다. 그저 병치레하지 않고 건강하게 이곳저곳 다닐 수 있다는 것만으로도 고마울 따름이다. 가끔 적당한 생기와 약간의 온기를 충전할 수 있다면 그 자체만으로도 감사의 조건이 된다.

언젠가부터, 생각날 때마다 만나는 문우들이 있다. '화성 남자 둘, 금성 여자 둘'. 나이도, 경력도, 지연地緣도 겹치지 않는 관계다. 살아온 환경마저 다르지만, 아는 척, 잘난 척, 있는 척하지 않고 상대의 마음을 읽어 주는 고운 동지들이다. 생각이 공유된다는 편안함 때문일까. 보고 싶을 때 번개처럼 연락하고, 모이면 수다를 떨어대느라 입이 바쁘다.

이번 나들이도 그러했다. 매화나 구경하고 미나리 삼겹살에 소주라도 한 잔하고 오자는 연통에 번개같이 달려왔다. 자메이카 육상 선수 '우사인 볼트'가 따로 없었다. 100미터를 9초 69의 속도로 달려왔으니. 몸씨 단장에 신경을 쓸 경황도 없었을 텐데, 모두 예쁘게 꾸며서 왔다. 보는 것만으로도 입꼬리가 올라간다.

양산 원동으로 매화 마중을 나선다. 절기는 봄이건만, 쌀쌀한 기온이 더 강하게 느껴지는 날이다. 예년의 원동 매화는 낙동강 변의 절경과 어우러져 한 폭의 동양화로 우리를 맞이했다. 올해는 첫 주에 축제를 열었지만, 꽃이 없는 상태에서 손님을 맞이했다는 소식이 있었다. 그리고 한 주가 흘렀으니 이제는 제법 만개했으리라는 기대를 가진 채 출발했다.

매화는 정식 명칭이 매실나무다. 매화라는 꽃을 피우고 매실이라는 열매를 맺는 낙엽 활엽수과다. 옛 선비들은 이른 봄, 추위를 이겨내고 제일 먼저 꽃을 피운다고 하여 절개를 상징하는 사군자 중 하나로 여겼다.

몇 년 전 문단文壇의 선배로부터 『퇴계 선생 매화 시첩』을 선물 받았다. 매화를 '매군梅君', '매형梅兄', '매선梅仙'이라 부르며 사람처럼 아끼고 사랑한 이황 선생의 감정이 시구詩句의 구석구석에 표현되어 있었다. 매화와 마주 앉아 술잔을 기울이고 시를 주고받는가 하면, 마지막 유언까지 "저 매형에게 물을 주어라." 했다니 노 선비의 애지중지가 보지 않아도 눈에 훤하다. 느지막이 매화의 매력을 찾아가는 사유가 그 시집에서 비롯되었다.

동맥경화증처럼 막힐 것으로 생각했던 도로가 예상 밖으로 시원하게 뚫려 있었다. 그러나 목적지가 가까워질수록 기대가 점점 허물어지며 힘이 빠졌다. 매혹적인 얼굴을 손님에게 내보이지 않는 매형의 배신. 길거리를 가득 메운 저 많은 상춘객도 실망하고 있을까. 표정을 보니 그렇게 보이지도 않는다. 웃고 떠들고, 너무도 즐거워 보인다. 그래, 꽃 중의 꽃은 사람꽃이라 하지 않던가. 젊으면 젊은 대로, 나이 들면 나이든 대로 아름다운 꽃. 아쉬움을 내려놓고 인파 속으로 스며들었다.

조급한 마음을 한 발 내려놓고 보니 즐길 거리가 무궁무진하다. 강과 들녘, 산과 하늘, 산천초목의 자연은 주인이 따로 없다. 똑같은 사물도 먼저 보고 감성에 젖는 자가 임자다. 낙동강을 끼고 걷는 둔치, 하늘의 구름을 이고 선 천태산, 불어오는 한 점의 바람에 살며시 마음을 실어 보내고, 흘러가는 강물에 조각배가 되어 몸을 맡긴다. 자연과 동화되어 바라보는 모든 것이 시詩가 된다.

사람이 모이는 곳에 따라다니는 것이 먹거리다. 마을을 따라 원동역으로 들어가는 길에 온갖 노점상들이 진을 치고 있다. 다양한 맛보기 음식으로 경쟁하듯 손님을 유혹한다. 그야말로 보고 먹고 즐기는 맛의 축제, 사람 꽃 축제장이다.

가장 분주해 보이는 곳이 뻥튀기 점이다. 걸음을 멈추고 바라보니 연신 콧김을 씩씩 내뱉으며 '뻥뻥' 소리치고 있다. 무엇이 성에 차지 않아 저리 우악스런 고함을 내지르고 있을까. 가만히 귀 기울여 들어본다. 수십 배로 몸집을 부풀리며 뜨거운 열기 속에서 폭포수처럼 쏟아져 나오는 '뻥'들의 소리가 걸작이다.

"여기 매화 없다. 뻥!"

"여기 미나리 삼겹살 있다. 뻥!"

뻥튀기가 상춘객에게 장난으로 거짓말을 하고는 속아 넘어가니까 그제야 '뻥이요~' 하는 소리로 들린다.

주인은 뻥튀기의 뻥~에는 눈도 끔쩍하지 않고 외친다. "자. 맛보기는 공짜요. 드셔 보시고 찾아주세요." 귀여운 손자에게 군것질거리를 쥐어주듯 지나가는 사람에게 연신 뻥튀기를 나눠준다. 담백한 상술에 너나없이 넘어가고 만다.

맛보기 몇 점으로 허기가 해결될 리 만무하다. 이것저것 선심을 쓰는 주전부리에 헛헛한 배가 요동을 친다. 그제야 점심시간이 되었다는 것을 알았다. 되돌아오는 발걸음이 바빠진다. 나중에 들리겠노라 인사한 노점마저 통과다. 맛보기는 그냥 맛보기가 되고 만 것이다.

미나리 타운으로 향했다. 미나리 삼겹살 전문집의 주차장마다 빈자리가 없다. 주차가 가능한 식당을 찾다 길가에서 조금 들어간 '식당 허가 13호' 집으로 들어섰다. 하우스를 이용한 간이식당이다. 자리를 잡고 앉는데, 먹을 재료는 사 와야 한다며 안내한다. 별도로 마련된 매점에서 미나리와 삼겹살, 김치 등을 사서 한 상을 차려 먹는다. 지금까지 경험하지 못한 신비한 맛이다.

아삭한 식감의 미나리와 삼겹살의 구수함이 어우러진 맛은 시내 고깃집에서 느낄 수 없는 조화다. 함께하는 정다운 사람들의 수다까지 더하니 수라상이 따로 없다. 주거니 받거니 정을 담아 곁들이는 소주 한 잔에 신선놀음이 부럽지 않다. 꽃을 보지 못한 아쉬움보다 엉킨 실타래도 풀어 줄 수 있는 더 큰 우정이 옆에 있어 행복하다. 꽃 대신 사람이 여는 축제도 마냥 향기롭다.

번개같이 모이고 계산 없이 헤어지는 문우들. 마지막으로 들린 찻집에서의 해단식이 오래오래 기억되는 하루, 이황 선생의 시 한 구절에 오늘의 마음을 담는다.

'매화 향은 앞 숲까지 퍼지고, 매운 절개 맑은 향에 우정을 나눈다.'

가버린 친구

해마다 이맘때쯤이 되면 유독 가슴이 아리다. 죽마고우였던 한 친구가 그리워서다. 벗이라는 이름으로 마음을 비비며 살다가 어느 날 훌쩍 떠나버린 후, 연락은 두절되었다. 생전에 그러했듯이 어디선가 불쑥 소식을 전해올 것만 같아 귀를 세우게 되는 것을 보면 아직도 내겐 친구의 부재가 익숙해지지 않았는가 보다.

기억하는 한, 그는 늘 혼자였다. 가정이라는 울타리를 만들고 안주했으면 싶었지만, 홀로를 앞세우며 자유분방을 즐겼다. 우정도 말보다 행동으로 직접 보여주는 것이 그의 스타일이었다. 자신의 사정과 상관없이 내가 힘들 때 주머니를 열어 주던 친구요, 내가 외로울 때 같이 있어 주고, 아플 때 함께 아파해 주던 친구다. 그가 물질적, 정신적으로 베풀었던 우정은 내 삶의 든든한 뒷배가 되어왔다. 돌보아야 할 식솔이 없어서 가능했을지는 모르지만, 내 가족을 챙기는 열성을 보면 진정한 마음 없이는 할 수 있는 일이 아니었다.

럭비공처럼 어디로 튈지 모르는 친구이기도 했다. 토하젓이나 조기가 집에 도착하면 전라도에 있다고 생각하면 된다. 각종 산나물이나 더덕 등이 도착할 땐 십중팔구 강원도나 시골에 머물고 있다. 그러다 예고 없이 새벽이나 늦은 밤 전화가 오면 부산으로 돌아왔다는 신호다. 그 다음날엔 반드시 회사로 찾아와 밥 한 끼라도 같이 하고 사라진다. 친구는 늘 그런 식이었다.

우리 가족이 도시로 이사를 나오기 전까지, 친구와 나는 전기도 버스도 없는 두메산골에서 유년을 함께 보냈다. 어느 날, 상급학교를 포기한 친구가 나를 찾아왔다. 우리는 함께 시내 구경을 하거나 이러저러한 고민을 털어놓으며 며칠을 같이 지냈다. 그러다가 친구는 아버지의 주선으로 조그마한 철공소에 취직하게 되었다. 보름 정도가 지났을까. 그가 철공소를 그만두었다는 소식이 들려왔고, 그 이후 소식이 끊어져 나의 뇌리에서 멀어졌다.

이십 년 가까이 까맣게 잊고 있었던 친구를 우연히 만나게 된 것은 목욕탕 안에서였다. 아무리 뜯어봐도 평범한 무리는 아니었다. 짧은 머리에 절도 있는 행동, 대화를 하면서도 깍듯하게 머리를 조아리는 모습이 보통 사람들과는 분명 달랐다. 나를 쏘아보는 눈빛이나, 몸에 새긴 난해한 그림들이 어찌나 위압적으로 보이던지, 그들을 마주 쳐다볼 용기가 나지 않아 욕탕 물만 응시하고 있었다.

그때 호탕한 웃음과 함께 "징가 아이가?"라 외치는 이가 있었다. 징가는 내 어릴 적 별명이었다. 낯선 곳, 게다가 저 험악한 무리 속에서 내 유년이 튀어나오다니. 얼른 고개를 들어 보니 그들 중 하나가 욕탕 물을 튀기며 일어서는 것이었다.

목욕탕이 쩡쩡 울리도록 '칭구야, 반갑다'를 외치며 그는 나를 포옹했다. 엉겁결에 덥석 마주 안기는 했지만, 그는 옛날의 친구가 아니었다. 반가움보다 더 앞선 감정이 그가 그들 중 한 사람이라는 사실에 대한 당혹스러움이었다. 나를 천년지기라 소개하며 옆자리를 권하는 친구의 등쌀에 나란히 엉덩이를 걸치기는 했지만, 가시방석에 앉은 기분이었다.

그동안 친구는 교통부의 역사가 되어 있었다. 쇼 전문 극장이 밀집해 있던 그곳에서의 영향력은 절대적이었다. 유명 가수들의 공연도 친구의 도움을 받아야 가능할 정도였다. 그렇게 한 시절을 풍미하던 그도 사회가 변하고 나이가 들면서 보통 사람으로 돌아왔다. 가정은 가지지 못했지만 나름의 행복과 즐거움을 찾아 생활하는 것 같았다. 친구의 옆자리에서 어릴 적의 온기가 느껴졌다. 목소리만 들어도 엔도르핀이 돌았다. 이제는 우리들의 우정에 탄탄대로간 있을 거라며 희희낙락하던 중 덜컥 병석에 눕게 되었다.

5월 중순의 어느 오후, 휴가를 얻어 아내와 국화 꺾꽂이를 하고 있었다. 친구와 마산 '가고파 국화전시회'에 갔다가 사다 놓은 화분의 새순을 이용하여 서툰 원예사의 흉내를 내느라 여념이 없었다. 내가 좋아하고, 친구도 좋아하는 대국이었다. 탐스럽게 봉우리가 맺히면 간암으로 투병 중인 그에게 선물해야겠다는 생각으로 작업에 몰두하고 있는데 전화 한 통이 걸려 왔다.

친구가 다시는 국화꽃을 보지 못하게 되었다는 소식이었다. 노년에는 내 곁에서 여생을 보낼 테니 의자 하나 놓을 정도의 공간을 만들어 달라며, 아내에게 농담 반 진담 반 아부를 했던 놈이다. 오십 중반에 이별할 놈이 노후 걱정은 왜 그리도 많이 했는지. 아프면 누가 돌봐주겠느냐며 건강은 또 얼마나 챙겼는데, 이렇게 빨리 떠나버린단 말인가. 억울한 마음에 들고 있던 모종삽을 냅다 패대기 쳐버렸다.

투병 몇 년 전에 예후가 한 번 있었다. 심한 황달에 간경화로 몇 개월 치료를 받고 호전이 되었다. 그때 조심하라는 의사의 권유가 있어 담배도 끊고, 좋아하는 술도 멀리하는 듯 보였다. 식이요법에 따른 음식이나, 건강식품을 챙겨 먹는 모습을 보면서 다행히 절제된 생활을 하고 있다고 생각했다. 하지만 내가 모르는 또 다른 생활이 있었는지 자기관리가 전혀 되지 못한 모양이었다. 하긴, 곁에서 챙겨주는 이가 없으니 자기가 자기를 챙기는 일이 쉽지는 않았을 것이다.

숨 쉬기가 거북해 병원에 갔더니 이미 복수가 찼다는 진단이 나왔다. 청천벽력과도 같은 소식이었다. 어떻게든 살려야 한다고 동동거렸지만 나 역시 친구를 위한 구세주가 되기에는 모든 여력이 미치지 못했다.

의사는 서둘러 수술하면 조금의 가능성은 있다며 입원을 권유했다. 그러나 혼자 몸이다 보니 건강보험증도 없었다. 수술비 또한 만만치 않아 선뜻 의사의 처방에 따를 처지가 되지 못했다. 그동안 몸이 아프면 동네 병원에서 동생 보험증으로 진료를 가끔 받았다. 본인 명의의 보험증이 없는 상태에서 큰 병원에서 진료 받는 것은 난망한 상태였다.

혼자 직업 없이 산다는 처지를 토대로, 부랴부랴 동 주민자치센터에 보험증을 신청했지만, 기간이 제법 걸렸다. 심사 기간 등으로 십여 일이 지난 후에 보험증을 발급받고, 수술비를 마련했을 때는 이미 시기를 놓치고 난 후였다.

그나마 다행이었다 할까. 영정 사진 속의 그는 아프지 않아 보였다. 물려줄 재산도 걱정할 가족도 없으니 마지막 발걸음이나마 가볍기를 빌면서 국화 한 송이를 바쳤다. 어릴 적 친구 얼굴을 닮은 하얀 국화였다.

사방 국화향이 등천하는 가을의 한가운데서, 나는 오늘도 가버린 친구가 그립다.

쥐섬의 추억

아무리 봐도 생뚱맞다. 분명 쥐섬이라 불렀으니, 조금이라도 쥐를 닮은 형상이 보여야 하는데, 쥐는커녕 그저 그런 바윗덩어리에 불과하다. 뭉툭한 바위의 어디에서 쥐를 끄집어냈는지는 모르지만, 당시 우리는 쥐섬 아닌 저 섬을 쥐섬이라 철석같이 믿었던가 보다.

한참 세월이 흐른 후에 알았지만, 실상 쥐섬은 다대반도 남쪽에 있는 제법 큰 무인도를 일컫는다. 쥐가 쪼그리고 앉은 모습을 닮았다고 해서 쥐섬이라는 이름이 생겼으며, 해안 경관이 빼어난 섬이다. 그러나 눈앞의 저 바위는 내 기억 속에서 너무나 오래 쥐섬이었기에, 쉬 그 이름을 포기할 수가 없다.

참으로 오랜만에 몰운대를 찾았다. 내가 예전의 내가 아니듯, 이곳도 변화의 물결을 거스르지는 못했던가 보다. 그때는 없었던 것들이 터주처럼 곳곳을 차지하고 있다. 그런들 애초부터 나의 목적지는 쥐섬이었기에 기억을 더듬어 남단 최 끄트머리의 갯가로 향한다. 한때 날마다 발도장을 찍었던 곳, 드디어 낯익은 바위, 쥐섬이 코앞으로 다가든다. 저 섬도 오래전의 혈기방장 하던 사내아이 몇을 기억하고 있을까. 말 없는 섬을 마주한 채 낡고 헤진 추억을 묻고 있는 중이다.

바람이 없어도 파도가 제법 거세다. 쥐섬은 타원형의 고구마 모양을 하고 있는데 주변의 고만고만한 바위에 비해 제법 덩치가 큰 편이다. 거칠고 사나운 너울에 제 등을 내어주는 것으로 자잘한 바위 군락의 수문장 역할을 하고 있다.

하얗게 밀려온 물의 군단이 사정없이 바위를 때린다. 철썩철썩, 쥐섬과 바위들을 휘두르며 급류를 형성한다. 그 속에서라면 어른들도 몸을 가누기가 쉽지 않아 보인다. 사건이 일어나기 전까지, 우리는 저렇게 거대한 파도를 친구 삼아 겁도 없이 여름 한 철을 보냈다.

방학이면 쥐섬 부근에서 보낸 시간이 많았다. 까까머리 사춘기 아이들 네댓이 어울려 놀다 보면 시간 가는 줄을 몰랐다. 웃고 떠들다 꿀꺽꿀꺽 갯물이 목으로 넘어가도, 투실투실한 바위 모서리에 멍들고 찢겨도 개의치 않았다. 어디가 얼굴이고, 어디가 몸통인지 구분조차 되지 않을 만치 발갛게 그을리면서도 점심시간을 훌쩍 넘겨 배꼽시계가 요동을 치고서야 물 밖으로 나오곤 했다.

우리는 약속이나 한 듯, 이십여 분 거리에 있는 친구 집으로 몰려갔다. 다대입구 고개에서 오른쪽 골목으로 접어들면 높지막한 돌담이 이어졌다. 학교 뒤 담벼락을 타고 좁은 외길을 따라 들어가면 양철지붕의 촌스러운 시골집이 우리를 맞이했다. 여름 내내 그곳은 쥐섬과 함께 우리들의 아지트가 되어주었다.

마치 내 집처럼, 우리는 자연스레 부엌으로 돌진했다. 정면에는 커다란 물 항아리가 있고, 왼쪽으로는 솥과 부뚜막, 오른쪽은 살강이 있는 작은 부엌이었다. 살강 위의 커다란 대소쿠리에는 늘 우리의 뱃구레를 든든히 채워줄 꽁보리밥이 수북하게 들어 있곤 했다. 삼베 보자기로 얌전히 덮인 보리밥은 아들의 친구들을 위한 어머니의 배려였을 것이다. 그렇지 않고서는 단 두 식구뿐인 집에서 여분의 밥을 그리 넉넉히 준비해두었을 리가 있겠는가.

소쿠리를 내려놓기가 무섭게 머리를 처박았다. 반찬이라곤 시든 오이와 고추에 거무튀튀한 된장뿐이었지만 시장만큼 좋은 찬이 어디 있으랴. 이내 소쿠리가 바닥을 드러내고, 2%의 부족분은 한 바가지 냉수가 채워주었다. 유희처럼, 전쟁처럼 늦은 점심을 해결하고 나면 세상 부러울 것이 없었다.

우리는 하나둘 별채로 건너갔다. 윗옷을 벗어젖히고 세상 가장 편안한 자세로 드러누우면 꿀잠 예약이었다. 큰 대자로 뻗어버린 놈, 새우잠을 자는 놈, 떠나가라 코를 고는 놈…, 누가 업어 가도 모를 정도로 곯아떨어지곤 했다. 밭일을 마치고 돌아온 어머니의 눈에 그런 우리가 어떻게 비칠 지까지는 생각지도 않았다. 없는 살림에 뭉텅뭉텅 양식을 축내면서도 염치라고는 없던 시절이었다. 쥐섬의 추억이 막을 내려야만 했던 것은 뜻하지 않은 사건 때문이었다. 그 후 나는 이곳에 오지 않았다. 아무도 입에 올리지는 않았지만, 다른 친구들도 마찬가지였을 것이다.

뜨겁던 팔월의 어느 날, 그날도 물놀이에 여념이 없었다. 예나 지금이나 겁이 많은 나는 갯가의 바위를 잡고 물장구를 치는 것이 고작이었다. 수영 실력이 월등했던 다대포 친구는 힘들지 않게 쥐섬을 오가며 우리의 부러움을 샀다. 그때 갑자기 다른 친구가 호기롭게 바다로 뛰어드는 것이었다. 그런데 거친 파도에 몸만 밀릴 뿐 생각처럼 앞으로 나아가지 못하는 것 같았다. 눈대중과 달리, 섬까지의 거리는 훨씬 먼가 보았다. 그때까지만 해도 우리는 깔깔거리며 장난질을 이어갔다. 사고 같은 건 꿈에도 생각지 못했으니까.

몇 번인가 그 친구의 얼굴이 잠겼다가 떠오르기를 반복했다. 바닷물을 몇 번 삼키는가 싶더니 급기야 두 손만 물 밖에서 허우적거릴 뿐이었다. 뭔가 잘못되고 있었다. 우리는 소리를 지르며 발을 동동 굴렀다. 다대포 친구가 급히 구조에 나섰지만 역부족이었다. 외려 순식간에 두 친구가 위험에 처해버린 상황이 되었다. 누가 먼저랄 것도 없이 우리는 고함을 지르며 도움을 요청했다.

마침 멀지 않은 곳에서 낚시하던 사람이 달려왔다. 채 설명을 하기도 전에 바다로 뛰어든 낚시꾼 덕분에 두 친구가 구조되었지만, 수영실력이 모자랐던 친구는 의식이 없었다. 친구의 새파래진 얼굴을 보니 두려움이 밀물처럼 밀려왔다. 행여 친구가 깨어나지 못하면 어쩌나, 조마조마하며 마음을 졸였다. 다리가 후들거리고 입 안이 바짝바짝 타들어 갔다. 그렇게 얼마간의 시간이 흘렀을까. 울컥 물을 토해낸 친구가 정신을 차렸다. 동시에 우리는 털썩 바닥에 주저앉았다. 그날로 우리와 쥐섬 사이의 인연은 종지부를 찍고 말았지만, 결국 해피엔딩으로 갈무리된 추억이 남았으니 아쉽지만은 않다.

상급학교 진학과 동시에 우리는 뿔뿔이 흩어졌다. 유일하게 같은 학교로 진학한 다대포 친구만 여태 교류를 이어가고 있다. 우리의 여름을 여름보다 더 뜨겁게 달구던 양철지붕도 사라졌고, 세상에서 가장 맛있는 밥의 추억을 선사해주셨던 어머니도 이제는 계시지 않는다. 쥐섬이 아닌 쥐섬만 무심하게 추억을 증언할 뿐이다.

앉은 자리를 툴툴 털고 일어난다. 휴대폰을 열어 다대포 친구를 검색한다. 쥐섬을 안주 삼아 소주 한 잔을 청하면 득달같이 달려오지 않을까.

동바리

청명淸明을 막 지난 일요일, 푸른 하늘만큼 맑고 쾌청한 날씨다. 연초록 산야는 더욱 두터워지고, 봄 내음은 봇물처럼 쏟아졌다. 살아 있는 모든 것들이 기지개를 켜는 날이다. 앞산 봉우리를 넘어온 햇발이 눈부시게 세상을 적실 무렵, 머리에 희끗희끗 서리가 앉은 삼십여 명의 남녀 노인들이 연회장에 모여들었다.

부피를 줄이고, 감성을 키우며, 지평을 넓혀가야 하는 늙수그레한 이들이다. 매순간 치열하게 살고 또 살아왔으니까, 남은 삶은 치열하게 즐겨도 좋을 나이. 탁자 위에 케이크가 놓이고 칠순을 기념하는 촛불 점화식이 안내되자 떠들썩하게 박수가 쏟아진다. 노인이라 칭하지만, 실상 마을 경로당을 출입하자면 막내로 취급당할 어중간한 연배들이다.

여낙낙한 친구가 케이크를 들고 왔다. 부인이 들려 보냈다는 몇 가지 음식으로 상차림을 하고 보니 제법 잔치 분위기가 난다. 산골 촌놈이 가족들에게 신뢰를 잃지 않고 살아왔나 보다. 고마운 배려 덕분에 동창회의 식순이 한층 풍성해지고 분위기도 화기애애해 졌다.

골이 깊은 산기슭에 자리한, 초등학교 모교에서 동창회를 하고 있다. 색 바랜 흑백 사진처럼 이따금 되새겨보던 옛 교사校舍는 흔적 도 없이 사라졌다. 유년의 일부가 뭉텅 잘려나간 그 자리에 숙박 시 설과 교육장, 취사 시설을 갖춘 문화회관이 들어서 있었다.

회관에 마련된 연회석의 시설은 옹색하다. 도심의 웬만한 식당과 는 비교할 수 없을 정도다. 모든 것이 불편한 자리지만, 가물거리는 추억과 맞바꾸어 앉았다. 강과 들녘을 무대로 펼쳐졌던 악동들의 무용담. 책 보따리와 검정 치마에 얽힌 숱한 이야기. 고무줄, 사방치 기, 구슬치기 놀이가 등장하고, 쥐의 꼬리를 잘라가야 하는 숙제까 지. 때로는 감미롭고 때로는 씁쓸했던, 아스라한 추억들이 줄줄이 엮어져 나올 때쯤 분위기는 절정을 향한다.

살아온 세정細情이야 제각각이겠지만, 세월이 하사한 연륜은 크 게 다르지 않은 모양이다. 몸씨가 흐트러져도, 먹고 마시느라 입 주 위에 음식물이 묻어도 흉보는 이는 없다. 사회적으로 성공하고, 경 제적으로 가멸다 하여 우쭐대지 않는다. 잘났거나 못났거나, 모두 가 세월과 추억이라는 똑같은 평등의 의자에 등을 기대고 앉아 있 을 뿐이다. 낡고 삐걱거리는 육신을 내려놓기에 이보다 더 편할 수 는 없다. 종심從心에 이르러서야 꺼내보는 동심의 위력인가 보다.

우리는 하나같이 초근목피의 시절을 살아온 세대였다. 보릿동을 경험한 마지막 세대쯤이랄까. 옴나위없는 애옥살이에 짓눌려서 남보다 일찍 생활 전선에 뛰어들었다. 스스로 집안의 버팀목이 되기를 자처하기도 했지만, 말없이 등 떠미는 주변의 여건을 외면하지 못한 경우도 많다. 많은 것을 포기하고 청춘을 희생하며 형제자매의 기둥으로, 가세家勢를 꼿꼿이 일으키는 금고지기로 분골쇄신, 제 몫 이상을 해내야 했다.

일흔 해 동안 앞만 보며 달리느라, 마음 편하게 쉬지 못한 육신의 구석구석에 한 많은 곡절도 쌓아왔으리라. 너나없이 남편으르, 아내로, 아버지로, 어머니로 가족을 건사하느라 녹록치 않은 일생이었을 것이다. 자식들에게만은 가난을 대물림하지 않겠다는 신념이 없었다면 감내하기 힘들지 않았을까. 그렇게 한 가정의 동바리로서 천장을 만들고, 벽체를 쌓아 바닥을 다지는 동안 인생의 봄, 여름이 가는 줄도 모르게 지나가 버리고 어느덧 모두가 완연한 늦가을에 서 있다.

건축 현장에 동바리라는 자재가 있다. 건축물의 슬래브 콘크리트를 타설 한 후 단단하게 양생 될 동안 거푸집을 받쳐주는 물건이다. 구조물이 올바르게 성형되도록 도와주는 자재를 말한다. 동바리의 떠받침이 없다면 건물은 완성될 수 없다. 한 층 또 한 층, 층고를 높이기 위해서는 천장을 만들어야 한다. 또한, 바닥도 있어야 한다. 그 모든 것들이 동바리가 있기에 가능하다.

동바리의 주 터전은 천장 아래 어두운 곳이다. 고개를 들어 하늘을 볼 수도, 잠시나마 햇볕을 쬘 수도 없는 그늘 자리. 정수리를 타고 내린 콘크리트 물이 종아리까지 흘러내려도 숙명이려니 받아들인다. 어깨가 결리고 허리가 휘어져도 주어진 무게를 지탱해야 하는 것이 그들, 동바리의 삶이다.

하는 일에 합당한 대접을 받지도 못한다. 각다분한 시간이 지나면 달콤한 휴식이 주어질 법도 하건만, 그들에게 쉴 자유는 애초부터 허락되지 않는다. 온몸이 흙감태기가 되어도 씻을 틈이 없다. 돌처럼 단단하게 굳은 근육을 뉜 채 잠시나마 나른한 오수에 드는 일은 언감생심이다. 차안대遮眼帶를 한 경주마처럼 끊임없이 세월을 달리는 것이 그들의 소명일 뿐이다. 그러다 마디마디 녹슬고 기능을 상실하면 새로운 동바리로 교체된다. 세상의 변방으로 내쳐진 동바리를 살뜰히 기억해 주는 이들이 얼마나 될까.

이른바 100세 시대라고들 한다. 그렇다 한다면 삼삼오오 모여 앉아 추억만으로도 배부른 오늘의 동바리들에겐 어디서 멈춤하고 어느 정류장에서 내릴지 알 수 없는 인생 제2막이 남았다는 것이다. 너무 일찍 동바리라는 이름을 놓쳐버린 친구도 있고, 나처럼 가늘고 길게 명맥을 이어가는 친구도 있다. 오늘은 있으나 내일은 감쪽같이 없어지기도 하는 것이 동바리의 운명이라, 나 역시 언제 뒷방 늙은이로 전락할지는 알 수 없는 노릇이다. 친구의 주름이 나의 주름이고, 친구의 반백이 나의 반백이다. 서로가 서로의 거울이 될 수밖에 없다는 말이다.

얼굴 가득 행복의 웃음을 담고 왁자지껄 수다를 떨고 있는 무리 속에 보이지 않는 그리운 얼굴들이 있다. 휘어지고 꺾여서 폐기 처분된 동바리처럼 먼 길을 서둘러 떠나버린 친구들이 있는가 하면, 상처 나고 곪아 터져 거동이 어려워진 동무들도 오지 못했다. 발맞추어 마지막 고개를 함께 넘을 수 있다면 더 바랄 것이 없겠다.

돼지 수육에 소주 한 잔만으로도 다들 낯꽃이 화사하여 보기 좋다. 화려한 음식점의 오색 진미가 아니라도 충분하다. 바쁜 생활 속에서도 서로의 안위를 물어봐 주는 덕담이 최고의 안주다. 친구들의 정이 담겨 있고, 추억이 서려 있다면 수육 한 점인들 뭐가 부족하겠는가. 술에 취하고, 우정에 취하니 무릉도원이 따로 없다. 이 순간만은 우리도 당당한 동바리다. 한 명 한 명, 서로가 존재한다는 사실만으로도 오늘이라는 거대한 추억을 단단하게 무르익히는 동바리말이다.

어우렁더우렁 동바리들의 축제가 절정에 달한다. 노래방 기계도 신이 났다. 흥에 겨워 목청을 높이는 친구들을 따라 오색의 사이키 조명이 요란하게 춤을 춘다. 창턱에 걸터앉은 석양도 덩달아 어깨를 들썩인다.

내 친구, 호야

한때 아내의 화초 가꾸기는 유별날 정도로 진심이었다. 모 대학교 평생교육원에서 원예와 관련된 수업을 듣고 난 이후부터는 크고 작은 화분이 눈에 띄게 늘어났다. 종국에는 아파트 베란다를 넘어 거실까지 침범했다.

자연스레 화분과 함께하는 시간이 많아졌다. 말 못 하는 식물도 주인의 정성을 아는지, 시절별로 꽃을 피워 집안에 따뜻한 온기를 전해 주었다. 덩달아 아내의 얼굴도 화사하게 피는 것 같았다.

그런 아내의 평온이 곧잘 깨어지고는 했으니, 바로 이사 때문이었다. 나의 못된 성정 탓에 한곳에 진득하니 눌러 살지 못하고 이삼 년 간격으로 이사를 했다. 화초를 다치지 않게 옮겨야 하는 수고는 물론 아내의 몫이었다.

십여 년 전 또 한 번 거처를 옮기는 날이었다. 무슨 결심을 한 것인지, 아내는 화분을 이사시키는 대신 이웃에게 분양한다며 며칠 동안 분주했다. 남은 오십여 점만 가져와 지금까지 유지해 오고 있다. 그중 호야라는 화초가 이사 온 집에서 첫 번째 꽃소식을 전해 주었다.

유월의 어느 날, 호야가 별사탕 같은 모양의 예쁜 꽃을 내밀었다. 이십여 개의 꽃줄기가 우산살처럼 사방으로 펴져 있고 그 줄기 하나하나에 몽우리가 달려 있었다. 흡사 불꽃놀이 할 때 낙하하는 불꽃의 모양새였다. 꽃의 향내는 좀 낯설었지만, 모양새는 당차고 똘망똘망해 보였다.

그러려니 하고는 이내 잊어버렸다. 어느 날 아침, 거실로 나오니 향긋한 냄새가 가득했다. 진원지는 만개한 별들이었다. 호야 꽃은 유월부터 구월까지 피고 지기를 반복하며, 친구의 따스함 같은 향기로 유년의 추억 한 토막을 끄집어내 주었다.

동무 중에 호야라는 친구가 있었다. 이름 끝 자를 친근하게 부르는 아명이었다. 똘똘하게 생긴 친구는 하는 행동도 야무져 또래의 앞잡이가 되곤 했다. 집이 제법 부농이어서 먹고 사는 데 걱정이 없는 친구였다. 부모님의 보살핌도 남다르게 많이 받고 자라는 것 같았다.

등굣길에는 많은 아이들이 호야 뒤를 따랐다. 고무공 때문이었다. 꿀꿀이 오줌보나, 볏짚을 둥글게 만들어 축구경기를 하던 시절, 공을 잘 찼던 호야는 신식 고무공을 가지고 있었다. 고무공이 신기했던 우리들은 집에 갈 때 서로 가져가겠다고 경쟁을 하곤 했다.

어쩌다 고무공을 집에 가져가는 날이면, 나는 아랫목 이불 속에서 알을 품듯 끌어안고 잠을 잤다. 고무공은 따뜻한 공기 속에서 탱탱하게 부풀어 오르고, 그런 공을 받는 호야는 만족한 웃음을 띠었다.

초등학교 졸업과 동시에 친구, 호야와 이별을 했다. 내가 중학교를 부산으로 입학한 데다, 뒤이어 부모님도 그곳을 떠나게 되어서였다. 고향에는 친척들만 여남은 집이 남아 있었다. 사정이 그러한데도 나는 방학 때만 되면 고향에 놀러 가겠다고 어머니와 매번 기싸움을 했다. 호야 때문이었다.

친척들에겐 폐가 된다며 보내지 않겠다는 어머니와의 실랑이는 결국 나의 승리로 끝나곤 했다. 그렇게 고향에 가면 친척 집이 아닌 호야 집에서 보내다 내려오는 경우가 대부분이었다. 방학이라는 고리가 없었다면 우리들의 연緣은 아마 끊어졌을 것이다.

마산에서 학교에 다니고 있던 호야는 매번 나의 일정에 맞추어 고향 집을 방문했다. 친구 어머니께서도 객지로 떠난 아들이 온 것처럼 반갑게 맞이해 주셨다. 내가 불편하지 않도록 사랑방에서 머물도록 배려하는 것도 잊지 않으셨다.

돌아보면 중·고등학교 육 년의 방학은 대부분 호야와 함께했던 것 같다. 사랑방에서 친구와 같이 나누었던 얘기는 기억나지 않는다. 여름방학 때 태국이나 말레이시아에서 개최된 축구 경기를 라디오로 청취하며, 있는 대로 흥분했던 기억만 또렷이 남아 있다.

친구, 호야 덕분에 호야 꽃에 매료되었던 얼마 후 칠순을 맞았다.

코로나가 기승을 부리던 시기라 친구들과 기쁨을 나눌 여건이 되지 않아 조용히 넘어가려 했다. 음력 상달에 내 생일이 들어 있는 것을 용케도 기억하고 있었던 한 친구가 저녁을 사주겠다며 약속을 잡았다.

나보다 두 달 뒤인 섣달에 칠순이 되는 호야도 함께 하면 좋을 것 같아 같이할 것을 권했다. 그 무렵 뜻하지 않게 닥친 집안의 우환 때문이었을까. 호야는 부부 동반인 우리와 함께 있는 내내 이야기 속에 동화되지 못하고 겉돌기만 했다. 특유의 올바른 언행이나 당당함이 보이지 않는 것이 아쉬웠다.

내 유년의 고향을 있게 해 준 친구, 호야. 식사 자리가 편치 못했던지, 요양 중인 아내가 걱정된다는 이유로 먼저 자리를 털고 일어났다. 두 손을 흔들며 사라져 가는 친구의 추동복秋冬服 점퍼가 아직도 눈에 밟힌다.

곧 호야의 칠순 생일이 다가온다. 식사라도 함께하자고 전화를 걸어봐야겠다.

맛있는 말

그 친구가 찾아올 때는 언제나 기분이 좋다. 유년의 기억을 공유하고 있는 고향 친구여서일까. 왠지 모를 편안함을 느낀다. 내 직장 가까이에 사는지라 자주 사무실을 찾아오는데 사투리가 심하다. "칭구야, 밥 무러 가자." 땅딸막한 친구가 우렁찬 목소리를 앞세우고 들어올 때는 민망스러울 만큼 사무실이 떠들썩해진다.

나는 경남 서부권역의 의령군 출신이다. 초등학교 졸업과 동시에 이사를 나왔으니, 내가 쓰는 말이 고향 지방의 방언인지 부산 지방의 사투리인지 모호하다. 그저 매순간 습득한 언어를 내가 편안한 대로 발설할 뿐이다.

"머 무러 갈 낀데?"

"써레기 찌개 잘하는 집이 있다. 그리 가자."

"머나? 점심시간 안에 올 수 있겠재?"

"하모. 내 차 가 왔다."

친구는 미식가다. 특별한 맛을 느낀 곳은 꼭 내게 소개를 해준다. "찌개가 마이 싱겁재? 이모, 지렁장 좀 주소." 간장을 달라는 말을 젊은 주인이 잘도 알아듣는다. 자연스러운 반응으로 보아 한두 번 들어 본 것 같지 않다. 친구의 일상적인 말에는 매번 이런 식의 진한 사투리가 섞여 있다. 유유상종이라고, 나 또한 크게 다를 바가 없지만.

심산유곡의 수평아리 같던 내가 중학교를 부산으로 유학 왔을 때의 일이다. 1년여 동안 전차를 이용해 통학했다. 아홉 개의 중고등학교가 밀집해 있다 보니 하교할 때는 항상 숨쉬기조차 힘거울 정도로 만차였다. 까치발을 한 채 손잡이를 놓지 않으려고 애쓰다 보면, 책가방을 들고 있는 팔이나 손잡이를 잡은 팔이 빠지듯이 아팠다. "아이고, 폴이야. 폴이 아파 죽겠다." 얼굴은 키 큰 학생들에 묻혀 보이지 않고 손만 보이는데, 하는 말마다 걸쭉한 사투리 일색이다 보니 웃음바다가 될 수밖에 없었다.

이런저런 사연을 가지고 학교생활을 마무리하는 동안 내 말투나 억양에 대해서 타박하는 친구가 없었다. 오히려 재미있어 했고 함께 즐기기까지 했다. 당연히 사투리의 심각함을 모른 채로 성인이 되고 말았다. 그런 연유일까. 가정이나, 직장, 사회생활을 하면서도 사투리는 내 나름의 유머라 생각했다. 어느 틈엔가 장소와 상대에 따라 적당한 사투리를 쓰고는 상대의 반응을 은근히 즐기는 버릇까지 생겼다. 철없던 유년이나 머리 허연 지금이나 짓궂은 장난기는 좀처럼 개선되지 않고 있다.

오래 전 서울 출장을 갔을 때였다. 토요일 오전 업무를 마치고 서울역으로 갔더니 오후 늦은 시간대의 열차밖에 없었다. 동료 직원과 역 주변 식당에 들려 막걸리와 파전을 시켜 놓고 시시콜콜한 이야기를 하다 보니 파전은 식었고, 출발 시각은 아직도 많이 남아 있었다. 때마침 옆을 지나가는 종업원을 불러 세웠다.

"이거 좀 데파 주소." 그는 눈을 껌뻑이며 멀뚱한 표정으로 한참 동안 듣다가 돌아갔다. 얼마의 시간이 흘렀을까. 파전은 덩그러니 식은 채 굳어가고 우리가 자리를 정리하고 일어설 때쯤 되어서야 종업원이 다시 나타났다. 그의 손에는 촘촘하게 썬 대파 한 접시가 들려있는 것이었다.

뿐이랴. 연천군과 철원군에서 군대 생활을 하는 두 아들의 면회를 겸한 전국 일주 여행을 떠났을 때다. 첫 방문지인 용인 민속촌에 도착해서는 허기를 안고 식당으로 들어갔다. 냉면 두 그릇과 빈대떡 한 접시를 시켰다. 먼저 배달된 냉면을 다 먹을 동안 주문한 빈대떡은 함흥차사였다. 아내가 종업원에게 빈대떡이 배달되지 않았다고 말하는 틈새를 이용해 "아지매, 까무서요?"라며 말을 보탰다. 투박하고 억양이 센 말투가 타박으로 들렸을까. 결국은 빈대떡은 구경도 못 한 채 자리를 털고 일어섰다.

말의 가장 큰 존재 이유는 상대에게 내 의중을 정확하게 전달하는 것이리라. 그런 의미에서 보자면 나는 사투리 때문에 종종 손해를 보는 셈이다. 그러나 손해라고 해봐야 대단하게 죽고 사는 문제가 아니고 소소한 해프닝 정도라 감수할 만하다.

문제는 내가 쓰는 말 때문에 아내에게 구박받을 때가 생긴다는 것이다. 행여나 손자 놈이 할아버지의 말투를 따라 할까 봐 며느리보다 아내가 더 노심초사다. 정작 며느리는 사투리를 곁들인 손자와의 대화에 관심을 두지 않는 듯하다.

간혹 체스를 하거나 바둑, 장기를 둘 때는 침묵하는 시간이 생긴다. 그러나 대개의 경우 나는 손자 앞에서 앵무새가 되고 만다. 심지어 민요나 트로트풍으로 개사까지 해가면서 사투리를 주거니 받거니 할 때도 있다. 이럴 경우 며느리와 아들은 미소로 일관하는데 아내의 지청구는 끝이 없다.

그러하다고 새삼스럽게 애써서 고쳐 볼 생각은 없다. 애를 쓴다고 고쳐지지도 않을뿐더러, 내 인생이 얼마나 남았겠는가. 나이 들어 세상의 중심에서 벗어난다는 것은 지켜야 할 규범에서 조금은 자유로워져도 좋다는 뜻이 아닐까. 젊어서도 끝내 고집했던 사투리를 이제 와서 또박또박 표준어로 바꾸어야 할 이유가 내게는 없다.

사투리도 하나의 역사라고 본다면 좁게는 내 개인사요, 넓게는 내가 자란 지역의 소중한 자산이다. 표준어가 사회적 약속이기는 하지만 선악의 문제는 아니지 않은가. 타인을 해치거나 피해를 주지 않는 이상, 나는 내가 쓰는 사투리에 더욱 애착을 가지고 지켜나갈 생각이다.

중요한 건 살면서 어디서 태어나 성장했고, 어떤 사투리를 쓰느냐가 아니다. 어떤 가치관을 가지고 사느냐가 더욱 중요하다고 본다. 소소한 불편이야 있었을 수 있지만, 경험상 외계의 언어처럼 완전한 불통까지는 아니었다. 혹시 그런 경우가 생긴다면 약간의 설명을 곁들이면 되는 일이고.

어느 지역이나 특유의 얼과 멋이 담긴 방언이 있었을 것이다. 경남권의 사투리도 가야 시대쯤의 언어가 현재까지 살아남은 것으로 생각된다. 수십 대를 거쳐 살아남은 말이 서울 지역 언어에 '표준말'이란 자리를 선점 당했을 뿐이다.

'앵꼽'지만 현실을 거부할 수는 없다. 그러나 반듯하고 단정한 표준말의 그늘에서 꿋꿋하게 지켜온 사투리를 포기할 생각은 들지 않는다. 예나 지금이나 내게 가장 맛있는 말은 사투리이므로. '몰짱'한 정신으로 '이바구'하거니와, 지금까지 사투리 때문에 '묵고' 사는 일에 어려움을 겪어 본 일은 없으니, '내는', '마' 이대로 허허실실 살란다.

극과 극

강물 위에 고기잡이 배 한 척이 그물을 걷어 올리고 있다. 바람이 불면 전복될 것 같은 작은 배 위에서 두 발을 버팀목 삼은 어부의 손이 바쁘다. 그물을 당기는 두 손에 제법 힘이 실리는 것 같다. 넉넉한 소득에 마음이 흡족했으면 좋겠다.

코로나가 나에게 준 변화는 갈맷길을 걷는 것이다. 매주 혹은 한 달에 한두 번씩 시간이 날 때마다 걷다 보니, 기장 임랑해변에서 시작한 여정이 어느덧 이곳 하단 하굿둑까지 왔다. 오늘은 다시 구포역까지의 구간을 걸어가는 중이다. 이 둑길은 학창 시절 인근 에덴공원과 함께 잊지 못할 추억이 많이 남아 있는 곳이다.

혈기 왕성한 고등학교 시절의 얘기다. 토요일은 반공일날이란 말이 가슴에 와 닿던 시절, 친구들과 에덴공원 가는 버스에 자주 몸을 실었다. 평소에는 모범생들이, 그런 날은 꼭 불량기가 가득한 학생으로 변했다. 옆구리에는 책가방을 끼고, 모자는 삐딱하게 쓰거나 뒷주머니에 구겨 넣었다. 딱히 놀 거리가 있었다기보다는 둑을 배회하다 또래의 여학생이라도 만날 수 있을까 하는 막연한 기대 심리 때문이었다.

그날도 혹시나 하던 우리들의 희망은 구포 둑에 도달해서야 역시나 하고 미련을 내려놓아야 했다. 아쉬운 마음을 가슴에 묻고, 출출한 허기를 달래기 위해 먹거리가 있는 노점상 앞으로 몰려갔다. 그곳에는 소박하게 함지박이나 소쿠리를 이용해 떡, 고구마, 과일 등을 팔고 있었다.

활짝 핀 코스모스가 둑 가장자리를 채우고 있던 늦은 오후, 우리는 할머니가 팔고 있는 홍시 바구니 앞에 모여 앉았다. 촌놈은 유일하게 나뿐이었다. 홍시를 보며 감에 대한 얕은 지식을 늘어놓았다. 일정한 크기, 일정한 색감의 홍시는 카바이드를 이용해 풋감을 인위적으로 숙성시킨 것이라며 아는 체를 했다. 가만히 듣고 있던 친구 한 놈이 야릇한 눈길로 날 바라보고 있었다. "와! 거짓말 같나?", "그기 아이고, 우리 감 먹기 내기할까?" 그렇게 시작된 시합이 홍시 한 접 먹기였다. 한 접은 백 개를 말한다.

절반 가까이 먹었을 때부터 속도가 점점 느려지기 시작했다. 목구멍으로 되새김되는 홍시를 간신간신 넘기며 사투를 벌였다. 엎친데 덮친 격으로 배까지 살살 아파졌다. 뱃속에서 요란스럽게 천둥이 칠 때마다 송곳으로 쿡쿡 찌르는 듯한 통증까지 동반되었다. 참을 수가 없었다. 화장실을 찾아 구포역으로 돌진했다. 변기에 앉았지만 해소가 되지 않았다. 한마디로 변비였다. 그것도 아주 극심한 변비.

음식으로 인한 극한의 낭패를 경험했으니, 생각이 있다면 똑같은 어리석음을 반복하지는 않아야 한다. 그러나, 전혀 엉뚱한 곳에서 예견하지 못한 또 다른 경험을 하고 말았다.

직장생활 중 일어난 일이었다. 김해평야는 지금과 달리 벼농사가 대부분이었다. 모내기 철이나 벼 베기 철에는 일손이 달려, 농촌일손 돕기 인력이 지원을 나가면 천군만마를 얻은 듯 좋아했다. 그해도 아마 벼 베기 일손에 지원을 나갔지 싶다. 오전 동안의 낫질에 허리가 아파졌다. 쉴 곳을 찾기 위한 궁리 끝에, 점심시간을 이용해 슬그머니 무리에서 이탈했다. 당초에 많은 인원이 빠지면 금방 발각된다며 은근슬쩍 공모를 한 사람이 세 명이었다.

대저는 옛날부터 배가 유명한 지역이었다. 지금과 비교가 되지 않을 정도로 넓은 면적에 많은 과수원이 있었다. 직원 중 한 명이 대저 출신이라 지인 집으로 안내했다. 농장주는 수북이 쌓아 놓은 볏겨 속에서 노란 배를 몇 개 가져왔다. 볏겨 속에다 어떤 방식으로 저장을 했는지 늦가을인데도 상태가 매우 좋아 보였다.

적당히 결이 삭은 배는 그야말로 꿀맛이었다. 땀을 많이 흘린 탓인지, 달콤한 배 즙이 목구멍을 넘는 순간 사막에서 오아시스를 찾은 것 같았다. 우리는 한 조각이라도 더 먹으려고 눈치싸움을 하기도 했다. 조금 부족한 양 탓인지 버려진 껍질에까지 눈독을 들였다. 살이 제법 두껍게 붙어 있어 먹는 느낌도 나쁘지 않았다. 그것마저

게 눈 감추듯 깨끗하게 정리를 하고 나니, 한창 일하고 있을 동료들이 생각났다.

마을 골목을 이용해 숨바꼭질하듯이 도착하고 보니 아무도 없었다. 벌써 벼 베기를 끝내고 철수를 한 후였다. 기왕 이렇게 된 일, 한잔하고 가자며 구포다리 위를 걷고 있었다. 그때쯤 뱃속에서 미미한 신호가 전해졌다. 좋지 않은 징후였다. 아랫배 부근을 살짝 긁고 지나가는 잦은 통증, 그것도 세 사람 모두에게 동시다발로.

덜컥 겁이 났다. 최악의 비상상황을 맞을 수 있는 조건은 다 갖추고 있는 위치였다. 슬슬 뱃속이 주리를 트는가 싶더니, 되돌아가기도 어중간한 위치에서부터는 몸이 꼬이기 시작했다. 낭패스러운 상황을 모면하기 위해서는 확실하게 화장실이 있는 구포역으로 가야만 한다는 판단을 했다. 금방이라도 쏟아져 내릴 듯한 배를 쓸어안고 건너는 구포다리가 천릿길보다 더 멀었다.

우여곡절 끝에 어렵게 화장실에 도착했건만, 낭패는 거기서 끝나지 않았다. 때마침 도착한 기차 손님들이 칸칸을 모두 차지하고 있는 것이 아닌가. 어깃어깃, 혼신의 힘으로 버틴 인고의 시간이 무위로 돌아가려는 찰나, 비상구처럼 환하게 화장실의 문이 열리지 않았더라면 그날의 참사는 내 삶의 치욕사로 기록되었을 것이다.

비록 지금은 웃지 못할 해프닝쯤으로 넘길 수 있지만, 오래 잊혀지지 않았고, 아마도 앞으로 오래 잊히지 않을 변비와 설사의 기억. 극과 극은 통한다더니 딱 그랬다. 그 길은 화장실로 통하고 있었다.

5부
가면

현대는 치열한 경쟁의 연속이다.
입시 경쟁, 취업 경쟁, 승진 경쟁,
어느 곳에서 어떤 일을 하더라도 만만한 것은 없다.
아침 열차를 타고 일터로 향하는 우리 모두 비슷한 처지가 아닐까.
비록 공공장소에서 두 눈을 치켜뜨고 가면을 그릴망정,
그 가면 속에서라도 세상을 헤쳐 나갈 용기를 얻는다면
못 본 척 눈 감아 주리라 생각한다.

못갖춘 인연

3월 날씨는 변덕이 죽 끓듯 하다. 잎샘추위와 꽃샘추위가 번갈아 문턱을 넘나든다. 가벼운 옷차림을 했다가는 코트가 그립고, 코트를 걸쳤다가는 그 무거움에 삐질삐질 땀을 흘리게 된다. 겨울과 봄, 두 계절에 양다리를 걸친 어중간한 달. 사춘기를 앓고 있는 반항아 같은 달이라 할까.

90년대 초반이었지 싶다. 그해의 이른 봄날도 기온이 고르지 못했다. 목덜미를 스치는 바람결에 아린 맛이 묻어 있었다. 선뜻 봄옷을 꺼내어 걸치기에는 용기가 필요한 날씨였다. 겨울 동안 이용한 패딩 잠바 속으로 달팽이처럼 몸을 구겨 넣은 채, 청도로 1박 2일 일정의 봄 마중을 나섰다.

청도는 부산에서 지리적으로 가까울 뿐 아니라 품은 매력이 많은 곳이다. 산과 계곡의 아름다운 자연경관은 물론, 아늑하고 평화로운 기운이 숨겨져 있는 보석 같은 곳이다. 항상 마음을 편안하게 해주는 무언가에 이끌려 자주 찾던 곳이기도 하다. 그날은 청도 소싸움 축제장에서 하루를 보내고, 운문사를 거쳐 온천을 하고 올 예정이었다.

청도 소싸움 축제는 자계서원 앞 서원천 변에서 개최되고 있었다. 소싸움 경기장을 중심으로 먹거리 구역과 즐길 수 있는 공연장, 농산물을 소개하는 공간을 만들어 관람객을 맞이하고 있었다. 신나는 리듬의 음악 소리에 이끌려 공연장으로 발길을 옮겼다. 각설이 공연이 한창이었다.

축제장의 백미는 뭐니 해도 각설이 공연일 것이다. 인간의 가장 깊숙한 내면의 세계를 가감 없이 보여주는 한 편의 연극이다. 우스꽝스러운 분장부터가 시선을 끌었다. 걸쭉한 농을 풀어 대중의 마음을 사로잡는 풍자와 해학. 북과 장구의 리듬을 타고 들려주는 노래. 양반 체면은 갓 속에 슬그머니 감추고 엉덩이를 들어다 놓았다 하며, 한바탕 신명 나게 놀게 된다.

아직은 봄볕이 짧았다. 해껏을 기다리기에는 서원천의 바람이 차가웠다. 숙소를 잡기 위해 서둘러 축제장을 빠져나왔다. 그 전 해에 숙소를 잡지 못해 운문호를 한 바퀴 돌아 대구 경산까지 간 경험이 있었기 때문이었다. 일 년 사이에 읍 외곽에 모텔이 우후죽순처럼 들어서 있었고, 공사 중인 곳도 보이기는 했다. 그러나 읍내邑內에서 숙소 구하기가 하늘의 별 따기만큼 어려웠다. 몇 곳을 들린 후에야 늦은 시간에 겨우 숙소를 정할 수 있었다.

기억이 정확하지는 않지만, 3층 방이었던 것 같다. 복도를 따라 걷는데 어디선가 콧노래 소리가 들렸다. 어떤 손님이 무슨 일로 이렇게 즐거운 것일까. 진원지는 빠끔히 열려 있는 방문 틈새였다. 문을 막 지나치며 흘깃 곁눈질하는 그 짧은 순간.

"어멋, 언니!"

깜짝 놀란 듯한 아내의 목소리가 들렸다.

"어!…"

오징어 다리를 질겅질겅 씹으며 콧노래를 부르던 그녀는 듣체라도 한 듯 입을 벌린 채 얼굴이 하얗게 변하며 온몸을 바들바들 떨기 시작했다. 그 찰나의 순간에 그 좁은 틈새에서…. 피할 수 없는 운명인가 보았다. 우연치고는 참으로 묘했다. 무성한 소문의 당사자, 그 여자였다.

아내와 인연을 맺고 사귄 기간은 오래되지 않았다. 그녀가 오르내리는 도로변에 분식점을 차리면서 맺어진 인연이었다. 종교가 같다 하여 친절하게도 식당 개업 준비에 도움을 주면서 두 사람은 급진적으로 가까워졌다. 식당 초기에 든든하게 곁을 지켜주던 그녀. 반년 가까이 한올지다보니 언니 동생 하며 지낸 것으로 알고 있다.

세상사에는 항상 돈이 문제를 만드는가 보다. 그녀를 알고 몇 달이 지나갔을 때 급전이 필요하다며 오십만 원만 빌려달라는 부탁을 해왔단다. 그때까지만 해도 점포 월세 걱정을 해야 할 정도였으니 당연히 거절을 했고. 이후에도 몇 번이나 부탁과 거절이 반복된 듯했다. 손님은 없어도 손은 놀지 않고 있으니 그녀 눈에는 그만한 돈은 융통할 수 있을 것으로 생각한 모양이었다.

갚겠다는 약속을 하루 이틀 어기게 되고, 잦은 방문이 점차 뜸해질 무렵, 아내는 그녀를 어찌 다그쳤는지 돈을 받아내었다. 당연한 듯 그녀의 발길이 멀어졌다. 아내 또한 잊고 살 무렵, 바람처럼 그녀에 관한 소문이 흘러들어왔다. 남자 때문인지, 다단계 때문인지, 돈이 문제가 되어 야반도주했다는 것이었다.

어느 늦은 봄, 초췌한 몰골의 남자가 아내를 찾아왔었단다. 용건은 그녀가 빌려준 돈을 받기 위해 왔다는 것이었다. 그녀는 전세금까지 월세로 전환해 놓고 도망을 갔다고 했다. 황당하게도, 아내에게 장사 밑천으로 빌려줬다는 핑계를 댄 모양이었다.

그날 들은 자초지종은 풍문보다 더 기막힌 이야기였다고 한다. 오십만 원에서 백만 원, 혹은 더 큰돈을 빌려서 돌려막다 보니 점점 빚구렁에 빠졌고, 결국 전세금까지 동원하고도 더는 수습할 방도가 없자 남편과 자식을 버리고 도망이라는 수단을 선택한 것 같았다.

다음날 아침 프런트에서 뜻하지 않은 소식을 접했다. 그녀를 찾는 아내에게 주인이 되물었다. 새벽까지 건밤으로 웅크려 떨고 있다가, 어둑새벽이 되자 부랴부랴 떠났다며 무슨 일이 있느냐고 했다. 그곳에서는 그녀의 고향이 청도였다는 사실 외에 아무것도 알지 못했다. 한 번은 야반도주, 한 번은 새벽 도주. 인연의 끈은 그렇게 다시 끊어지고 말았다.

처음 만난 그때는 친절과 관심을 가지며 위안을 주었던 따뜻한 인연이었던 것 같다. 그러나 돈을 목적으로 만든 인연은 돈이 없으면 끊어지게 마련이었던가 보다. 사람과 사람 사이, 끝내 못갖춘 인연이 되어버린 추억 한 자락은 곱씹을수록 더 씁쓰레하기만 하다.

공갈빵

아침 여덟 시, 약속 장소에는 아무도 없었다. 조금 늦을 수도 있으니 기다려 보자고 의견을 모았다. 한 시간이 지나도록 그녀들은 나타나지 않았다. 그렇다고 마냥 기다릴 수는 없는 일이었다. 오후 배편의 시간을 맞추기 위해서는 애초의 계획대로 우리끼리 성인봉聖人峯을 향해 출발했다.

울릉도는 세 번째다. 올 때마다 느끼지만, 신이 내린 천혜의 섬이라는 생각이 든다. 한마디로 자연이 품어낸 한국의 보물섬이다. 해안 산책로를 걸어가며 주변을 둘러보라. 일렁이는 바다는 에메랄드 빛으로 빛난다. 기암괴석의 풍광에는 황홀경을 느낄 것이다.

이번엔 직장 동료 네 명과 왔다. 오늘 성인봉 등반으로 여행을 마무리할 계획이었다. 이틀 동안 같은 버스를 타고 유람하다 보니 자연스레 농담을 주고받을 정도로 가까워진 여성들이 있었다. 비슷한 연배의 여성들이었다. 어제저녁에는 동도항 좌판에서 소주잔을 기울이며 성인봉을 오르자고 약속까지 했다. 여성들의 일정도 우리와 같아 더욱 뜻이 통했다. 그러나 술김에 한 약속을 철석같이 믿었던 우리는 결국 보기 좋게 바람을 맞고 만 셈이다.

어리석게도 거짓에 속았다느니 공갈에 당했다느니, 서운함과 아쉬움, 그리고 약간의 불쾌감이 여인들에 대한 성토로 이어졌다. 묘한 설렘과 환상이 여지없이 깨어져 버리는 순간의 실망감이, 그들을 더욱 고약한 사람으로 몰아가고 있었다.

왜일까. 가파른 산등성이를 오르는 내내 뇌 깊숙이 갈무리된 '공갈'이라는 단어가 자꾸 눈앞을 오가고 있었다. 공갈, 공갈…, 입속으로 되뇌다 보니 생뚱맞게도 오래전 나를 철저하게 농락했던 공갈빵의 추억이 떠오른다.

학창 시절 펜팔로 사귀던 여학생이 있었다. 오가던 편지가 꽤 쌓여갈 무렵, 피차 익명이라는 가면을 벗고 서로의 실체를 확인하기로 했다. 초면이지만 글로 수없이 안면을 터 왔으니, 용기가 났던 것인지도 모른다. 그녀가 다니던 여학교의 정문 앞을 만남의 장소로 정했다.

시외버스를 타고 일찌감치 도착해 무작정 기다렸다. 미지의 여학생을 두고 펼치는 상상의 나래는 양귀비에서 클레오파트라로 동서양을 넘나들었다. 어떤 표정으로 그녀를 맞을지, 어떻게 말문을 열어야 할지, 혼자 묻고 답하느라 여념이 없는 와중에도 교문에서 눈을 떼지 못했다.

하교 시간이 훌쩍 지났지만 기다리던 주인공은 나타나지 않았다. 휴대전화가 없던 시절이라 연락할 방도도 없었다. 시간이 흐르고 학생들의 발길이 끊어진다 싶을 즈음, 초조함이 실망으로 바뀌었고 갑자기 허기가 밀려왔다. 길 건너 중국집 유리 진열장 속의 커다란 빵으로 자꾸 눈이 갔다. 호주머니에는 왕복 차표를 끊고 남은 돈이 겨우 50원이 있었다. 짜장면은 몰라도 빵 정도는 살 수 있지 않을까. 크기로 봐서 그럭저럭 허기는 달랠 수 있을 것 같았다. 한 자락 남은 미련마저 툴툴 털고 가게로 향했다.

드디어 커다란 빵 하나를 받쳐 든 접시가 내 앞으로 왔다. 마음이 있는 대로 상했지만, 입안에는 침이 흥건했다. 머피의 법칙이 있다더니, 그날이 바로 그랬다. 빵을 반으로 자르는데, '바싹' 소리와 함께 조각조각 부서져 버리는 것이 아닌가. 그것은 내 기다림과 희망이 산산조각이 나는 소리였다. 오후 내내 어정쩡한 모습으로 여학교 앞을 서성거린 나를 비웃는 소리 같기도 했다.

"아줌마, 와 빵 속이 비었는기요?"

"그기 공갈빵 아이가."

순간, 화가 나기보다 되레 허탈했다. 알고 보니 속이 텅텅 비어 있는, 그것은 무늬만 빵이었다. 여학생에 바람맞은 것도 부족한지, 빵까지 공갈을 친다는 생각이 들었다. 허기를 채우기는커녕 화만 돋우는 그 상황에 피식, 헛웃음이 났다.

땀으로 범벅된 얼굴과 몸으로 시원한 바람이 스쳐 간다. 우리에게 공갈을 날리고 사라져 버린 그녀들은 안중에도 없어질 만치 성인봉 정상에서 바라보는 울릉도의 풍경은 아름답다. 어제 다녀온 독도가 까마득히 보인다. 가슴에 태극기를 품고 만세삼창으로 애국자가 되었던 곳이다.

나리분지가 손에 잡힐 듯 눈 아래 펼쳐져 있다. 첫날 버스 투어 마지막 지점이다. '씨 껍데기 술' 한 잔에 산채 전 한 조각의 맛이 아직도 입 끝에 향기로 남아 있다. 저동 봉래폭포를 찾아 들어가는 길에 들린 풍혈風穴의 찬바람은 어떠했던가. 성인봉 등정 후에 맞이하는 시원한 바람과, 도동 약수 공원 약수의 시원한 탄산수 맛은 여름철 울릉도 삼대 매력으로 꼽아도 손색이 없지 싶다.

산 아래 동도항에서 출항 준비로 분주한 여객선이 눈에 들어오며 하산 시간이 되었음을 느낀다. 급하게 인증 사진 몇 장을 남기고, 상쾌한 바람으로 땀을 씻어 내린 후 정상을 정복한 자들만의 권리를 마음껏 누린 뒤 하산을 서둘렀다.

승선이 끝났다. 우리를 뭍으로 데려다 줄 배가 서서히 움직이며 섬을 벗어나고 있다. 멀어지는 울릉도, 사흘간의 여정이 파노라마처럼 떠오른다. 그때다. 낯선 학생이 간단한 메모가 들어 있는 커피를 가져왔다. 아침 약속을 어긴 그녀들이 보내온 것이다. 약속을 어겨 미안하다는 말과 함께, 어제 숙소에서 한 잔을 더 하는 바람에 늦잠을 잤다는 내용이 적혀 있다.

구수한 커피의 뒷맛이 달콤하니 입안에 퍼진다. 속이 꽉 찬 공갈빵 맛이다. 아마, 그녀들의 애교 섞인 사과가 없었더라면 내게 공갈빵에 대한 씁쓸한 추억이 하나 더 생겨났을 것이다.

알코올 유감

    칠흑같이 어두운 방 안, 눈을 뜬다. 사위는 더할 나위 없이 조용하다. 순간 박하 향기 같은 싸한 기운이 머릿속을 훑고 지나간다. 막혔던 혈관이 뚫리는 듯 시원함을 느끼면서 정신이 맑아진다. 술이 깨고 있다는 증거다. 부스스한 머릿결을 정리하고 방벽을 더듬어 밖으로 나와 보니 벽시계의 불빛이 새벽 1시를 가리키고 있다. 게다가, 식당 문은 밖에서 잠겨 있지 않은가. 당황스럽다.

    어제 저녁, 이곳에서 회식을 했다. 첫 잔의 건배주를 들이키자, 목구멍부터 짜릿한 느낌이 왔다. 몸 상태가 별로 좋지 않다는 신호다. 겨우 두서너 잔이 주량인 처지라 끝까지 자리를 지키기 위해 직원들이 권하는 술을 요령껏 사양했다. 하지만 유달리 신호가 빨리 왔다. 귀 울림이 강해지고 상대의 말소리가 잘 들리지 않았다. 눈앞에 앉은 사람들이 블랙홀에 빨려들 듯 사라졌다가 다시 나타나기를 반복했다. 알코올이 부리는 요사였다. 그럴 때는 누워 안정을 취하거나 찬 공기를 마시며 쉬어야 한다. 살며시 일어나 비어 있는 방을 찾아들었던 것까지가 기억의 끝자락이다.

계속 잠을 잘 수도 없고 그렇다고 집에 갈 형편도 못 된다. 멍하니 앉아 있자니 천사만감千思萬感이 교차한다. 직장 초기, 신참은 상사나 선임 동료들보다 당연히 술을 많이 마셔야 한다며 억지로 권하곤 했다. 잘 먹지 못한다고 얘기하면 정신자세가 약하다느니, 의지가 박약하다며 윽박지르기 일쑤였다. '술 잘 먹는 놈이 일 잘한다.'는 말에 오기가 생겨 자존심을 곧추세우고 발버둥을 쳐 보기도 했다. 그러나 늘 마음 따로 몸 따로였다.

직장생활이나, 사회생활을 하자면 술자리가 없을 수 없다. 이를 무작정 회피하기도 어렵다. 나름으로 필사의 노력을 해보지만, 슬프게도 나는 아직도 술 때문에 생기는 약점을 극복하지 못하고 있다. 오히려 사람을 좋아하고, 함께하는 시공을 즐기다 보니 오늘과 같은 실수가 하나둘 쌓여만 가는 현실이다.

오래전이었다. 술자리에서 어젯밤과 같은 증상이 나타났다 식당 앞 길가에 머리를 싸매고 거친 숨을 몰아쉬다 잠시 옆으로 새우처럼 웅크리고 누워있었다. 한참 후 마음이 진정되는 것 같아 동료들이 나오기를 기다리며 실눈을 뜨고 있자니, 술에 잔뜩 취한 아저씨가 비틀거리며 지나갔다가 다시 돌아왔다. 그러고는 한참을 쳐다보다 혀를 끌끌 차며 한마디를 했다. 젊은 사람이 술에 취해 길에 누워있으면 되느냐고, 빨리 집에 가란다. 그것으로 끝난 줄 알았다.

다음날 출근하니 안安모 씨가 시장통 바닥에 노숙자의 발자취를 선명하게 남겼다는 소문이 직장 내에 쫙 퍼져 있었다. 아무리 발 없는 소문이 천 리를 간다지만, 늦은 밤에 일어난 사건이 어떻게 이른 아침에 까발려진단 말인가. 알고 보니 그 아저씨는 우리 사무실에 공공 근로를 하시는 분이었다. 술을 먹지 못하면 안 먹으면 될 걸, 놀기 좋아하고 사람을 좋아하는 나는 꼭 그렇게 사고를 친다.

술에 취하면 장소 불문 어찌 그리 잠도 잘 오는지. 언젠가는 잠자리가 추워 이불을 찾느라 눈을 떴다. 신의 은총인지, 마침 싸락눈이 하얀 꽃가루가 되어 휘날리고 있었다. 얌전히 벗어놓은 신발 안에도, 머리 위에도, 어깨 위에도 소복이 쌓여 있었다. 눈가루는 달리는 차량의 헤드라이트에 반사되어 가지각색의 다양한 불꽃놀이를 연출하고 있었다. 40대에 저세상에서 날 데리러 왔다면 내 인생은 아마도 술 때문에 종쳤을 것이다.

부모님 중에 누굴 닮아 이렇게 술과 인연이 깊을까. 외가인 벽진碧珍이씨 후손들은 내 기억으로 술과 사촌쯤 될 것 같다. 친가는 어떨까. 외동인 할아버지는 술을 지고는 못 가도 먹고는 갔다는 전설이 전해지는 분이셨단다. 고향 마을 인근 3개 군郡에서 '도암어르신'을 모르는 분이 없을 정도로 술을 좋아하시고 주량도 대단하셨다는 얘기를 듣고 자랐다. 하지만 아버지 형제 네 분은 밀밭에만 가도 취하는 분들이었다. 우리 집 사형제도 맥콜이란 보리 음료수를 먹고 취한 이력을 훈장처럼 달고 산다. 이런저런 증거들로 미루어 짐작해 보니 외가보다는 친가에 가까운 체질 같다.

여러 가지 사실을 종합해 볼 때 술은 정직한 음식인 것 같다. 몸이 술에 반응하는 것인지, 술이 몸에 반응하는 것인지 잘은 모르지만, 술이 정직한 것은 사실이다. 마시는 사람에 따라 약도 되고 독도 되는 것을 보면 확실하게 느낀다. 잔을 받아놓고 좌중을 보노라면 약을 먹은 사람, 독을 먹은 사람을 구분할 수 있게 된다. 말이 많아지는 사람, 목소리가 커지는 사람, 했던 말을 반복하는 사람, 꾸벅꾸벅 졸고 있는 사람, 상사를 험담하다 아부하는 사람 등, 한 편의 희극을 감상하는 기분이 든다. 다양한 취중 언행들을 듣고 있노라면 술로 인해 몸과 마음이 조금은 정직해지는 것이 아닐까 싶다. 누에가 실을 뽑듯, 감추어 두었던 평상심이 술술 흘러나오니 말이다.

그나저나 빈집을 지키고 있는 오늘의 사태를 어떻게 수습해야 하나. 대책 없이 한숨만 쉬고 있는데 밖이 요란하다. 새벽 2시, 드디어 구세주가 돌아오는 모양이다. 혹시 밤손님으로 오인할까 봐 큰 소리로 인기척을 내었다. "사람 가다(가둬) 놓고 어디 갔다 오는 기요?" 두 눈이 휘둥그레 들어온 부부에게 자초지종을 말했더니 주인도 황당한지 혀를 차며 웃는다.

다행히 주인 부부와는 잘 아는 사이이다. 평소 그분들은 나를 실수라고는 모르는 사람쯤으로 여기고 있었을 텐데, 체면이 말이 아니다. 품격과 지성을 겸비해야 할 신사에게 이런 곤혹이 없다. 민망한 마음에 신발 한 켤레가 남아 있었는데 확인도 안 했느냐고 물었더니, 취중에 남의 운동화나 슬리퍼를 끌고 가는 사람이 한둘이 아니라고 대수롭지 않게 답을 한다. 한술 더 떠, 노래방에서 지인들이 더 놀다 가자는 것을 뿌리치고 오는 참이라며, 오늘은 재수가 좋은 줄 알란다.

냉수 한 컵을 얻어 마시며, 냉장고 안에 진열된 술을 물끄러미 바라본다. 저 웬수가 앞으로 나의 삶에 어떤 모습으로 다가올지 모르지만, 나에겐 그저 독한 알코올, 가까이 하기에는 너무 먼 당신일 뿐이다. 괜한 치기를 버리고 안전거리를 유지해야 할 상대라고 할까.

독일 시인 포스는 여자와 술과 노래를 사랑하지 않는 자는 평생 바보로 지내게 된다고 했다. 그것이 사실이라면, 몸이 유독 술에 정직한 반응을 보이는 한 나는 바보를 면치 못할 듯하다.

가면

매일 아침 나는 지하철 4호선을 타고 출근한다. 오전 8시 17분 안평역에서 출발하는 미남 행 열차다. 에스컬레이터를 내려서 곧바로 승차하다 보니 늘 3호차를 타게 되는데, 입구에서 세 번째 자리가 나의 지정석이다. 두 자리 정도는 일행이 있는 승객을 위한 나름의 작은 배려다.

오늘도 어김없이 건너편 좌석에는 그녀가 앉는다. 지성미가 흘러넘치고 얌전한 외양과는 달리, 좌석에 앉기가 바쁘게 화장할 준비부터 한다. 짧은 스커트 위에 놓인 핸드백에서 끄집어내는 드구가 한둘이 아니다.

대중의 시선을 의식하지 않는 모습에 심사가 살짝 뒤틀리지만, 출근 시간에 쫓기는 직장인의 슬픈 비애가 느껴지기도 한다. 얼마나 허둥지둥 달려나왔으면 자신을 추스를 사이도 없었을까 싶으니 차라리 눈도, 코도, 입도 마음 편히 그렸으면 싶어진다. 지하철 속에서나마 그녀가 자신의 얼굴에 그리게 될 초상화는 오늘 하루 당당하게 세상 속으로 걸어 들어가기 위한 일회성 가면이 될 것이기에.

사전에 따르면 '가면假面'은 얼굴을 달리 꾸미기 위하여 나무, 종이, 흙 따위로 만들어 얼굴에 쓰는 물건이라는 뜻으로 '탈'과 동의어라고 한다. 가면, 즉, 탈은 순우리말로 탈박, 탈바가지로 불린단다.

몇 년 전 '안동 하회탈박물관'에 들른 적이 있다. 오광대나 야류野遊놀이 등에 사용된 각종 탈이 전시되어 있었다. 우리나라 탈은 해학과 풍자를 담은 희극적인 모습으로 전래하고 있다고 했다. 그래서인지, 각시탈이니 머슴탈이니, 보는 것만으로도 웃음이 절로 날 정도로 모양새가 눈길을 끌었다. 표지판의 해설에서는, 가면은 사람과 함께 호흡하며 고통과 한을 해학과 풍자로 풀어내는 또 다른 얼굴이라 표현해 놓았던 것 같다.

내가 처음 본 가면은 할멈탈이었다. 어릴 적 농악놀이에서 본 할멈탈은 일정한 격식 없이 이리저리 오가며 좌중의 시선을 끌었다. 하얀 저고리에 검정 치마를 짧게 입어 우스꽝스러운 모습으로 고개를 까딱이며, 구경하는 사람들과 교감하는 모습이 신기했다. 돌이켜 생각하면, 평소 얌전하기로 소문난 박 씨가 거침없는 행동으로 걸쭉한 육두문자를 날려가며 농악대원의 사기를 북돋우고, 때로는 관객들을 쥐락펴락했던 것이 가면의 위력이었던 것 같다.

신혼 초, 수영동 민속공원에 아들과 산책하며 자주 구경한 수영

야류도 그러했다. 무식한 하인 말뚝이가 양반의 허세와 무능을 독설과 풍자로 조롱하는 장면은 통쾌함으로 웃음보가 터졌다. 사람들은 가면 뒤에 숨는 것이 아니라 가면을 통해 자신들의 속내를 더 솔직히, 적나라하게 드러내는 것이 아닐까 싶었다. 그렇다 한다면 진정한 그의 모습은 가면에 있을까, 가면 속에 있었던 것일까. 두 얼굴의 그가 무척이나 궁금하기도 했다.

어찌 보면 우리는 때와 장소에 따라 제각각인 가면을 쓰고 살아가는 것 같다. 부모에게는 자식으로, 자식에겐 부모로, 직장에서는 직장인으로, 하루에도 수없이 많은 가면을 쓰고 벗는다. 어쩌면 순정한 나 자신일 때보다도 누구의 누구, 무엇의 무엇일 때가 더 많을지도 모른다. 이따금 정체성이라는 딜레마에서 허우적거리게 되는 것이 바로 가면 때문이 아닐까.

퇴임하고, 내가 아등바등 살아왔던 날들을 종종 뒤돌아보게 된다. 결과가 어찌 되었든, 순간순간 내게 주어진 가면에 걸맞은 역할을 다하기 위해 노력을 했던 날들이었다. 더러 실패와 좌절도 있었고, 내가 쓴 가면이 마음에 들지 않았던 적도 있었지만 그렇다고 피해갈 수 있는 것도 아니었다. 할멈탈을 쓰고 종횡무진으로 움직이던 박 씨처럼, 나도 형체가 없는 가면을 쓰고 세상이라는 거대한 무대에서 한바탕 푸지게 놀다 온 기분이었다.

내가 자신을 지켜보고 있는 것을 아는지, 모르는지. 그녀는 본격적인 가면 그리기에 돌입한다. 손놀림이 분주하다 못해 현란하기까지 하다. 주근깨나 점 같은 잡티는 콕 찍어 숨기고, 검고 푸석한 피부는 뽀얗게 분을 발라 감춘다. 눈썹은 짙게 그리고, 눈 주변에 색감을 주면서 눈꼬리를 위로 살짝 길게 그어준다. 마지막으로 빨간 립스틱을 바른 후 입술을 상하 좌우로 비비며 마무리한다. 어느새 내 앞에는 교양 없어 보이던 여자는 간 곳이 없고 알록달록 색칠된 가면을 쓴 여자가 앉아 있다. 눈도, 코도, 입도 선명하게 도드라져 보인다. 언제, 어떤 상황이 생기더라도 주눅 들지 않겠다는 듯 당차 보이는 표정이다. 그러고 보니 화장은 즉석에서 그리고, 고치고, 지우기 쉬운 가면이 확실한 것 같다.

가면을 쓰고 나니 몸가짐에도 자신이 붙는가 보다. 짧은 스커트 아래로 다리를 꼬고 앉은 모양새가 위태해 보인다. 어쩌면 남을 의식하지 않고 스마트폰 오락에 열중하는 저 모습이야말로 우리가 익히 보아온 '젊고 생기발랄한 여성'이라는 가면일지도 모르겠다.

현대는 치열한 경쟁의 연속이다. 입시 경쟁, 취업 경쟁, 승진 경쟁, 어느 곳에서 어떤 일을 하더라도 만만한 것은 없다. 아침 열차를 타고 일터로 향하는 우리 모두 비슷한 처지가 아닐까. 비록 공공장소에서 두 눈을 치켜뜨고 가면을 그릴망정, 그 가면 속에서라도 세상을 헤쳐나갈 용기를 얻는다면 못 본 척 눈 감아 주리라 생각한다.

옥타비오 파스(Octavio. Paz)는 '인간은 생존하는 한 각자의 이름과 가면으로부터 숨어 지낼 수 없으며, 가면은 곧 우리의 모습이다.'고 말했다. 그간 내가 남긴 삶의 궤적은 모두 가면의 역사였다는 뜻일 게다. 그렇다 한다면 정체성의 문제도 얼추 해결이 되는 셈이다. 지금 이 순간, 내가 쓰고 있는 가면이 바로 나 자신이기 때문일 것이다. 단 한순간도 허투루 보낼 수 없다는 결론이다.

주변을 둘러보니, 저마다 나름의 가면을 쓰고 출근하는 사람들로 열차 안이 가득하다.

나침반

    살며시 고개를 문밖으로 내민다. 슬쩍 복도를 훑어보니 다행히 아무도 없다. 그제야 마음 편하게 화장실로 향한다. 한두 번도 아니고 이게 뭐 하는 짓인지 모르겠다.

    얼마 전, 옮겨온 신축 청사는 동쪽을 바라보는 일자형 건물이다. 복도는 남·북 방향의 길쭉한 형태로 사무실이 마주 보게 배치되어 있다. 북쪽으로 화장실과 엘리베이터, 비상계단까지 몰려 있어 같은 층에 근무하는 직원은 사무실이 달라도 자주 볼 수밖에 없는 구조다.

    만나지는 경우는 대부분 화장실을 오갈 때다. 그래서인지, 알 수 없는 어색한 분위기가 종종 만들어진다. 특히 여직원일 때는 더욱 난감하다. 가볍게 인사라도 하면 좋을 텐데, 마네킹처럼 표정 없이 스쳐 갈 때는 불편함이 배가된다.

신입직원이라면 이해할 수도 있다. 문제는 한 기관에서 수년을 같이 생활한 직원까지 눈길 한 번 주지 않는다. 마주친 내가 외려 무색해지고, 마음의 상처가 되기도 한다. 먼저 인사를 하면 달라지겠지, 몇 번인가 시도를 해보았다. 나만의 바람일 뿐, 못 듣고 못 본 척 답례가 없었다. 불편을 넘어 불쾌한 감정까지 생겨날 정도였다. 생면부지라도 몇 번 보면 목례目禮라도 하는데, 가족보다 더 많은 시간을 함께 보내는 동료에게 길가에 세워 둔 장승 대하듯 하니 피차 예의가 아닌 것은 분명하다.

업무상 관련되는 이가 아니면 당연히 모르는 사람의 대열에 세워 두는 것이 요즘의 세태인가 싶어 쓸쓸한 기분을 떨칠 수 없다. 결국, 더 이상 그로 인해 마음을 다치기 싫어서 다른 직원의 눈을 피해 화장실을 들락거리는 처지다. 사무실 복도가 어쩌다 이렇게 불유쾌한 공간이 되어 버렸는지. 아무리 마음의 평정심을 유지하려 해도 너무하는 처사라는 생각밖에 들지 않는다.

옛날 친구 부친이 상사로 근무할 때 들은 말이 생각난다. 한국전쟁 중에 미군 통역관으로 근무했던 부친은 그때의 경력을 바탕으로 공직의 고위직에 몸을 담았다. 우연한 기회에 부친으로부터 직장인들이 쉽게 접하면서도 소홀히 하는 예절에 관한 얘기를 들을 기회가 있었다. 물론 군 문화이거나 미국 등 유럽의 예절에 관한 얘기일 수 있지만, 미처 생각 못 한 다소 생소한 내용이었다.

관용차량이 대부분 지프차일 때였다. 토요일 오후, 친구와 셋이 어느 지방으로 가게 되었다. 내 직장 기관장이니 멋지게 수행해서

점수를 좀 딸 요량으로 친구와 부친을 뒷좌석으로 안내하고, 나는 운전기사 옆자리에 타려고 했다. 그때 부친의 일성이 떨어졌다. "안 군, 차를 탈 때도 기본예절이 있다네." 하며 친구와 나를 뒷좌석으로 가게 하고는 부친이 앞좌석에 앉았다. 그리곤 목적지에 도착할 때까지 여러 상황의 예절을 조곤조곤 일러 주셨다.

지프차를 탈 때는 조수석이 상석이 된단다. 아마 지프의 탄생이 전쟁터를 오고 가는 목적으로 만들어졌을 테니, 앞좌석에서 지휘했을 법하다. 승용차는 반대로 뒷좌석 우측이 상석이란다. 차주가 직접 운전을 할 경우에는 승용차도 조수석이 상석이 된다고 했다. 그러고는 엘리베이터를 상사와 함께 이용할 때는, 문을 바라보고 섰을 때 오른쪽 구석이 상석 자리가 된다고 했다. 여성과 계단을 올라갈 때도 남성이 앞장서서 걸어야 하고, 내려갈 때는 반대로 남성이 뒤에서 가는 것이 예의란 말씀도 하셨다. 그 이후 어른의 말씀이 떠올라, 동행하는 이가 알든 모르든 나름으로는 지켜오고 있는 편이다.

이러하듯 차를 탈 때도 예절이 있다는데, 하물며 사람과 사람 사이에 지켜야 하는 예의가 없을까. 직장도 규범이 통용되는 작은 사회라 할 수 있다. 당연히 상사와 아랫사람 사이에 지켜야 하는 선이 있다. 회의나 행사 등 의전상의 문제도 있고, 결재 받을 때의 기본자세도 있다. 길흉사에 가져야 하는 몸가짐도 있는데, 왜 복도에서 마주칠 때의 인사가 없겠는가.

거창하게 머리 숙여 인사를 하거나 호들갑스럽게 안부를 묻자는 것이 아니다. 친하지 않아 서먹서먹한 경우라도 가볍게 할 수 있는 인사가 얼마든지 있다. 눈으로 가볍게 하는 목례 정도면 충분하다. 말없이 고개만 숙이는 묵례默禮는 더욱 좋다. 이 정도의 인사만 나누어도 복도의 분위기가 얼마나 따뜻할 것인가.

언제부터인지, 동방예의지국이라는 우리의 오랜 자존심이 무색해지고 있다. 자식이 부모를 폭행하고, 입에 담기조차 힘든 일을 스스럼없이 행하는 인면수심의 인간도 생기는 현실이다. 학생이 스승을 희롱하고 손찌검까지 하는 일도 벌어진다고 한다. 학부모가 자식을 훈계한 담임을 찾아가 폭행하는 일도 드물지 않게 매스컴을 오르내린다. 인성 교육과 도덕 교육을 담당해야 하는 교육부 산하에 '교원 치유 지원센터'가 문을 열게 된다는 슬픈 소식까지 들려온다.

흔히들 '말세'라고 하듯이, 마치 세상의 끝에 선 듯 여태 지켜오던 아름다운 우리의 전통과 질서가 무질서로 대체되고 있는 요즘이다. 아래, 위의 구별이 없어지고 오로지 '나'만이 무소불위의 권력자인 듯 착각을 하는 것 같다. 내가 세상의 중심이 되고, 나의 편의를 위해서는 타인의 불편쯤은 사뿐히 지르밟는 일도 개의치 않는다. 타인에게 피해를 주고 해롭게 한 이유가, 단지 자신의 마음에 들지 않아서라는 충동 범죄가 보도될 때마다 경악을 금치 못할 정도다.

내가 어릴 적에는 가정이나 마을에서 보고 겪는 과정을 통해 자연스레 질서를 배우고 도리를 깨우쳤다. 윗사람에 대한 예의는 물론, 형제자매 간, 나아가서 친구나 생판 타인과의 사이에도 지켜져야 할 도리가 엄연히 존재했다. 공부란 질서와 예의, 도리를 배우는 것부터 시작되었다. 세상이라는 난바다를 항해하는 동안 상하 좌우의 질서를 잡아주는 나침반이 바로 예의였던 셈이다.

세상도 변하고, 사람들의 생각도 변했다. 영원할 수 없는 것이 세상의 속성이기는 하지만, 절대 변하지 말아야 할 것까지도 변해버렸다. 옛 잣대로 요즘 세태를 재단한다는 것이 무리일 수도 있지만, 오래 지켜져 왔던 삶의 지침마저 무너져 버린 현실이 유난히 아쉬운 날들이다.

이제 와서 복도가 불편하다 하여 그들에게 나침반을 운운한들 무슨 소용이 있으랴. 외려 케케묵은 구세대의 잔소리쯤으로 치부해 버리지 않을까. 언제쯤이면 일일이 눈치를 보며 화장실을 가야 하는 웃지 못 할 비화에서 벗어날 수 있을는지….

수필, 그 입문기

　지금 시작해도 가능할까. 이순耳順이 가까워지면서 가끔 미지의 삶을 그려보는 시간이 잦아졌다. 아쉬웠던 부분을 채우고, 하고 싶은 일을 해보고 싶었다. 그때마다 끄적거려 본 목록들, 그것은 요즘 유행한다는 버킷리스트와 같았다. 지우고 또 새로이 쓰면서 정리한 것 중의 하나가 글을 써 보자는 것이었다. 젊은 시절의 공부는 성공을 위한 일勞이었지만, 새로운 공부는 내 안의 나를 찾는 유희가 되어 줄 것 같았다.

　글쓰기에 대한 재능이 있어서, 잘 할 것 같아서 선택하지는 않았다. 학창 시절이나 사회생활 중에도 글과는 거리가 멀었다. 굳이 글을 써보았다고 말한다면 공문서 작성이나, 사내社內 게시판에 잡다한 글 올리기가 전부였다. 무엇을 어떻게 어떤 방법으로 써야 좋은 글이 된다는 방정식은 당연히 모른다. 서툰 몸짓일망정 글발에서

뒹굴다 보면, 노년에는 삶의 질이 조금이나마 높아질 것 같았다.

더 행복한 삶, 생동감 있는 인생, 풍요로운 노년, 정신이 온전한 노후는 누구나 바라는 소망일 터이다. 고상하고 멋있게, 품위 있게 늙어갈 수만 있다면 금상첨화가 아닐까. 덤으로 마음속 깊은 곳에 똬리를 틀고 있는 욕망이 해결된다면 그 또한 복일 것이고. 평범한 족적이라도 후손에게 유사遺事로 전해지면 어떨까. 두메산골 촌놈의 일대기를 써보고 싶다는 욕심이 점점 커질 무렵, 한 권의 책과 조우를 했다. 감히 숙명이라는 의미를 붙여도 될지는 모르겠지만.

색 바랜 책들이 산더미처럼 쌓여 있는 '헌책 나누기 행사장.'에서였다. 책을 뒤적이는 사람들의 손길 사이로 수필집 한 권이 눈에 띄었다. 제목과 작가는 생각나지 않는다. 책 속에는 글쓴이의 삶이 고스란히 담겨 있었다. 유년기, 청년기, 장년기를 살아온 이야기. 자연을 접하고, 일상생활 속에서 겪은 희로애락을 담담하고 맛깔나게 풀어놓은 책이었다.

인근 벤치에서 어느 작가의 인생 드라마를 탐독했다. 내 일생의 바다가 글속에 있을지도 모른다는 생각이 들었다. 나도 모르게 글의 세계 속을 유영하고 있는 나를 발견하기도 했다. 순간, 그간 메말라 있었던 글밭에 풀을 뽑고, 골을 메는 호미질을 하고 싶어졌다. 잎과 줄기가 무성해지도록 물과 거름을 주겠다는 다짐이 밀물처럼 밀려온 것도 그때였다. 그러나 느지막이 발을 들인 문학의 길은 의외로 힘든 과정을 거쳐야 했다.

우선 책상 앞에 앉는 것부터 쉽지 않은 난관이었다. 하물며 머릿

속에 흩어져 있는 활자들로 백지를 채워나가는 과정은 더 큰 어려움이 따랐다. 누군가 글쓰기는 '전신을 던지고, 자신을 버리는 고통'이라 했는데, 사실 뼈를 깎는 고통을 느낄 정도의 노력을 해보지는 않았다. 그러면서도, 당장 결과물이 나타나지 않는다며 성급하게 실망했다. 결국, 능력이 부족한 데서 오는 과욕이나 자괴감의 후유증은 글밭을 휴전休田 상태로 방치한 채 서예, 그림 등을 기웃거리는 것으로 한동안을 소일했다.

그러던 어느 해 유월 말. 선배 문우의 전화 한 통을 받았다. 수필 공부를 심도 있게 새롭게 해 보자는 전화였다. 지금까지의 외도를 생각하면 부끄러워 빠지고 싶었다. 때마침 예정된 유럽 여행을 핑계로 시간을 벌기로 했다. 여행을 다녀오면 자연스레 정리가 되어 있을 것으로 생각했다. 나만의 착각은 자유였던가. 문우는 대신 등록까지 하는 것으로 대못을 박아놓았다.

다시 초심으로 돌아가 보자. 한 권의 자서전이라도 남기겠다고 시작한 공부다. 피한다고 될 일이 아니었다. '학생으로 계속 남아 있어라.'는 말이 있다. 배움을 포기하는 순간 늙기 시작한다고 한다. 이왕 등록했다고 하니 젊게 살기 위해서라도 다시 한 번 부딪쳐 보기로 마음을 다잡았다. 함께하는 분들이 누구인지 면면을 살펴보았다. 평소 내가 좋아하고 존경하는 분들이 포진해 있었다.

사실 글공부를 하는 사람들에게는 공통된 마음이 있다. 대부분 입문 초기에 겪게 되는 두려움은 '합평'이란 무대에 내 글을 올린다는 것이다. 어쩌다 어렵게 쓴 작품을 공유하다 보면 선후배나 동료들의 평을 듣게 된다. 어디에 어떤 부문이 미진하니 어떤 방향으로 보완해 보라는 지적에 얼굴이 화끈거려지는 게 다반사다.

그렇게 두려움을 가지고 시작한 글방은 생각보다 열기가 뜨거웠다. 여름을 이용한 두 달 동안 이열치열의 시간을 보냈다고 할까. 매주 제출되는 많은 작품이 합평에 노출되지만, 누구 하나 부끄러워하거나 망설이지 않았다. 서로의 의견을 주고받으며 토론했다. 비판에 대한 적당한 맷집이 없고서는 좋은 글을 남길 수가 없을 것이다. 이제 막 시작하는 미흡한 작품의 평가를 부끄러워할 일은 아니었다.

매 시간 M강사님은 족집게 강의로 완성도 높은 글을 주문했다. 긴 문장은 짧게 정리해 읽기 좋게 호흡을 맞추고, 중복된 문장이나 단어는 과감히 도려냈다. 시제에 맞지 않은 문단을 첨삭해 가며 정리하는 과정을 거치다 보면 꽤 괜찮은 작품이 완성되기도 했었다. 지금 생각해 보면 그런 과정 탓인지, 글쓰기 능력뿐 아니라 생각의 너비도 많이 확장된 것 같다.

한여름 밤의 공부는 두려움에 겹겹이 포위되어 있었던 글쓰기의 열대야를 날려 버렸다. 글방의 열기 덕분이었지 싶다. 모두가 무더위와 싸우며 보낸 계절, 답답한 가슴의 갈증을 풀어주는 뜨겁고도 시원한 계절이었다.

그때 공부한 작품 중 「가면」이란 글이 모 공모전에서 은상이라는 좋은 결실도 보았다. 「노을, 별을 품다」란 작품도 또 다른 공모전에서 장려상을 받았다. 지금의 내가 아직도 글밭에서 놀고 있는 것은 그때의 상償이 선사했던 크고 묵직했던 여운도 아주 없지는 않을 것이다.

늦었다고 생각할 때 문학 밭으로 뒤집기를 하지 않았다면 과연 남은 인생이 단단해질 수 있었을까. 배움은 아직 진행형이지만, 지금의 열의가 식지만 않는다면 보잘것없는 내용일지라도 회고록 한 편은 남겨 줄 듯하다.

여주, 또는 유자

연만하신 분들이 대부분인 마을의 고샅 어귀에서 추억 속의 귀한 여주를 만났다. 커다란 원형의 고무 물통이나 자투리땅을 이용해 채소를 가꾸거나 화초를 키우는, 도시이면서 시골 냄새가 물씬 풍기는 곳이다. 반가운 마음에 여주에게 바투 다가가 이리저리 살펴보느라 이곳에 온 목적을 잊어버렸다.

가느다란 줄기에 열매가 대롱대롱 매달려 있는 모습은 흡사 동굴 속 박쥐를 닮았다. 길쭉한 몸통에 돌기가 촘촘히 박혀 있어 도깨비 방망이를 연상시키기도 했다. 확실히 다른 과일에 비해 특이한 생김새였다. 애잔한 마음으로 바라보니 울퉁불퉁한 모양새마저도 매력적이었다. 평범하지 않은 외형으로 자신을 부각하는 것이 여주라는 생각이 들었다.

순간적으로 씨앗 욕심이 났다. 그러나 아직은 덜 여문 노란색에 가까웠다. 씨앗을 받게 되면 몇 알만 나누어 달라고, 주인에게 부탁하고 돌아섰다. 그리고는 여주에 대해 까맣게 잊고 지냈다. 어느 날 오후, 어떤 할머니가 나를 찾는다는 직원의 전갈이 있었다. 쭈뼛쭈뼛 내민 검정 비닐봉지 속에는 여주 씨앗이 담겨 있었다.

여주는 학명學名상 수세미와 함께 박과科 식물로 분류되어 있다. 수박, 멜론 등과 같은 부류에 속해 있다 보니 과일로 분류한다고 한다. 맛으로 보나 용처로 보나 토마토나 오이 등과 같은 채소에 더 가까운 것 같지만.

일본, 중국, 동남아 등의 여러 나라에서는 오래전부터 여주를 요리 재료나 약용으로 널리 이용하고 있다고 한다. 물론 우리나라에서도 장아찌, 피클, 냉국 등의 음식이나 건강식품으로 애용해 왔다. 다양한 용도 때문인지, 요즘은 관상용뿐만 아니라 식용과 약용의 목적으로 대량 재배까지 하는 여주를 나는 오랫동안 '유자'로 알고 있었다.

'유자'가 방언인 줄 알았는데 사전에도 없었다. 다만 북한에서 그렇게 불린다는 기록은 있었다. 지금도 북한 이탈 주민 사이에서는 귤의 한 종류인 유자와 이름이 같아 헷갈린다고 한다. 둘 다 껍질을 차로 끓여 먹다 보면 이 유자인지 저 유자인지 아리송하다나.

그렇다고 본다면 내 기억에 '유자'로 남았을 법한 나름의 근거를 찾은 셈이다. 한국 전쟁 당시 우리 마을이 잠시나마 북한군의 점령하에 있었다. 내가 휴전되던 해에 태어났으니, 혹여나 인민군들의 입에서 튀어나온 '유자'가 마을 사람들의 입으로 전승되었던 것이 아닐까. 그것이 유년의 내게 각인되었고.

이십여 년 전의 일이었다. 보슬비가 내리던 5월의 어느 일요일, 봄날의 나른함 때문인지 소파 한쪽을 차지하여 낮잠을 즐기고 있었다. 화초를 돌보다 거실로 들어오던 아내가 한마디를 불쑥 던졌다. '여자인지 여지인지' 이름은 모르지만, 지압봉 비슷한 모양의 열매가 열리는 화초를 심었으면 좋겠다는 것이었다. 퍼뜩 '유자'가 떠올랐다. 내 안에서 오래 잠자던 추억 하나를 살려낸 기분이었다. 그로부터 사랑의 유자 씨앗 찾기에 돌입했다.

지금도 그렇지만 도시에서 땅 한 평 없이 살다 보니 고작해야 화분을 돌보는 것이 유일했다. 그러다 단독 주택으로 이사하여 조그마한 마당이 생기니 유년에 보았던 텃밭을 재현하고 싶은 마음이 컸다. 그러나 유자 씨앗 구하기는 생각만큼 쉽지 않았다.

종묘상이라 하여 씨앗을 다 갖춰 놓지는 않았다. 찾는 이가 많은 농작물 위주로 진열되어 있을 뿐, 꽃도 채소도 아닌 유자의 씨앗은 없었다. 화훼단지에도 마찬가지였다. 마지막이란 생각으로 구포시장을 들렀다. 유자와의 만남은 후덕해 보이는 육순의 아주머니 손에 의해 이루어졌다. 유자도 여자도 아닌 '여주'라는 말과 함께 진열장이 아닌 책상 속 비닐봉지에서 씨앗을 끄집어내 주었다.

그해 봄, 우여곡절 끝에 몇 포기가 싹을 틔웠다. 어렵사리 씨앗을 구한 탓인지, 아내의 정성과 손길은 지극했다. 여주도 주인의 따뜻한 보살핌을 자양분 삼아 하루가 다르게 순을 뻗었다. 담벼락을 기어오르고 그 위로 걸쳐진 나뭇가지를 타고 올랐다. 바람에 꺾일 것 같은 가냘픈 줄기로 이리 기웃 저리 기웃, 깜냥껏 성장해 가는 여주의 춤사위를 감상하는 재미가 쏠쏠했다.

초록의 줄기가 하루하루 뻗어 나가는 것도 신기했지만, 앙증맞은 꽃망울과 배턴 터치를 하듯 매달리는 길쭉한 열매도 싱그러웠다. 연초록의 여주가 노랑과 주황을 거쳐 빨갛게 익어 가는 과정도 신묘했다. 카멜레온처럼 몇 번의 변신을 거듭한 후 치르는 마지막 의식은 비장하다 못해 숭고하기까지 했다. 자기 몸통을 네댓 조각으로 쪼개어 빨간 씨앗을 밖으로 내보이는 것이었다. 그때가 열매의 아름다움이 절정에 다다르는 순간이었다.

씨를 감싼 붉은 부위를 먹기도 하는데, 약간은 쓰면서 달콤했던 기억이 난다. 한철 여주를 즐기고 씨앗을 받아 두었지만, 아파트로 이사 오며 잃어버리고 말았다. 관할 지역을 순찰하다 동네 골목에서 상면한 여주가 더없이 반가워 앞뒤 생각 없이 덜컥 씨앗까지 부탁했던 이유다.

법정 스님은 함부로 인연을 맺지 말고, 맺은 인연은 소중히 지켜야 한다고 했다. 키울 만한 공간도 시간도 없으면서 헤픈 마음에 또 인연을 맺으려 했다. 여주를 가꾸고 사랑하는 할머니의 정성을 십분의 일이라도 따라 할 수 있다면 모를까, 다시 시작하기엔 모든 여건이 여의치 않았다.

세상에 귀하지 않은 인연이 있으랴. 여주 씨든, 유자 씨든 내 곁에 와준 것만이라도 감사하다. 열악한 환경에서 나에게 보여준 지고지순한 사랑만으로도 충분한 즐거움을 누렸다. 이제는 더 좋은 안식

처로 시집을 보내 주는 것만이 받은 사랑에 대한 보상일 것이다. 오늘도 책상 서랍 속에 고이 모셔 둔 씨앗들에게 제대로 된 인연을 찾아주기 위해 마음이 분주하다.

다대성의 혼魂

조그마한 가로공원에 석상石像 하나가 동해를 바라보고 서 있다. 석상의 주인공이 누구인지, 어떤 치적을 가진 위인인지, 사람들은 그다지 관심이 없다. 그저 조경을 위한 예술품이겠거니 무관심으로 흘끗 일별하고 만다. '다대첨사 윤흥신 장군상' 이라는 이름표가 무색해질 정도다. 하긴, 길옆 소공원 안에 있지만, 자세히 보지 않으면 눈에 띄지 않는 위치이기는 하다.

석상과 내가 인연을 맺은 것은 삼십여 년 전으로 거슬러 올라간다. 인근에 소재하는 직장에 근무할 때부터였다. 계절마다 주민을 동원하여 석상을 씻어 냈다. 소방 호스로 물을 뿌리고, 가루비누를 묻혀 솔질을 했다. 검은 물때를 끝없이 흘려보내고서야 하얀 대리석의 면모를 드러내며 석상이 제 모습을 찾곤 했다. 금방이라도 칼을 뽑아들 듯한 기개와 형형한 눈빛도 되살아났다. 비록 순전한 직업의식의 발로이자 내게 맡겨진 업무를 수행하는 일이었지만, 그러는 동안 장군과 나 사이에 이승과 저승을 건너뛴 교분이 생겼던 셈이다.

막연하던 교분이 관심으로 발전하게 된 것은 십여 년 전이었다. 우연찮게 윤흥신 첨사의 제향 행사에 참석했던 적이 있다. 초등학교 동기들의 모임 때문에 다대포를 찾았다가, 홍살문이 세워진 '윤공단 공원'이라는 표지판에 이끌려 앞뒤 재지 않고 버스에서 내렸다. 대대로 홍살문은 충절의 상징이 되어왔으며, 경의를 표하라는 의미로 세워지는 것이 아닌가. 호기심 반, 궁금증 반으로 저지른 일탈이었다.

자그마한 동산이라 해야 할까, 야트막한 산이라 해야 맞을까. 공원 입구의 홍살문을 지나 수십 개의 화강암 계단을 오르고서야 숲이 우거진 정상에 이르렀다. 그곳에서 나는 또 한 분의 윤흥신 장군을 만날 수 있었다. 붉은 글씨로 '첨사윤공흥신순절비僉使尹公興信殉節碑'라고 새겨진 비석에서였다. 그분이 이분이었구나, 그것을 깨닫는 데 오래 걸리지 않았다.

윤흥신 장군은 임진왜란 당시, 동래부사 송상현 공과 부산진 첨사 정발 공과 더불어 부산의 3대 영웅 중 한 분이다. 왜란이 발발하고 첫 전투에서 부산진성을 점령한 왜군은 곧바로 국방의 요지인 낙동강 하구 방면으로 진군한다. 다대포진의 윤흥신은 중과부적의 수세에도 결연했다. 그것은 나라를 지켜내기 위해 죽음으로 무장을 한 까닭이었는지 모른다.

『징비록』등의 옛 문헌에 따르면 다대첨사 윤홍신 장군은 임진왜란이 일어난 임진년 삼월 십삼 일 군사 팔백 명으로 첫 승전을 올렸다고 기록되어 있단다. 성을 포위한 왜군들을 격퇴했던, 첫날의 전투를 두고 역사학자들이 임진왜란 최초의 승리라 평가할 만치 그날의 전투는 큰 의미가 있었다는 말이겠다.

"죽음이 있을 뿐이다. 어찌 차마 간다는 것이냐." 왜적이 수를 늘려 다시 공격해 올 것이므로 몸을 피해야 한다는 부하들을 향해 윤 장군은 서늘한 일갈을 쏟아냈단다. 결국, 다음날의 전투에서 결사항전에도 불구하고 다대포성은 함락이 되고 말았다. 윤 장군이 왜군에 맞서 싸우다가 장렬히 순절한 날이 음력 4월 14일이었다.

내가 우연히 제례 행사에 참석하게 된 것도 바로 그날이었다. 오백여 명의 주민이 모여 있었다. 행사를 주관하는 사람들도 관이 아닌 주민들의 단체인 다대자치회였던 것 같다. 특이한 점은 장군의 넋을 기리는 행사에 해군이 등장한다는 사실이었다. 나라를 위해 목숨을 바친 선조를 추모하는 데 소속을 따질 일이 아니긴 하지만.

해군 군악대가 쏘아 올린 21발의 예포가 시작을 알렸다. 제례악 최초로 해군 군악대가 편곡한 '보태평영신희문保太平迎新熙文'이라는 곡이 애잔하게 흐르고 있었다. 엄숙한 가운데 강신례降神禮를 시작으로 다대첨사 421주기 향사가 봉행 되었다.

제단 앞에는 정성스럽게 진설한 제수가 놓여 있고 각 단체의 조화가 진열되어 있었다. 집사자들과 종친회 대표들이 자리 잡고, 다대문화연구회 회장의 집례로 초헌례부터 차례로 진행되었다. 마지막 순서로 다대 팔경의 구절句節을 개사한 합창단의 추모곡이 흐를 때는 나도 몰래 뭉클해지는 감정을 추슬러야 했다. 그렇게 나와 석상은 한 걸음 더 가까워졌다고나 할까.

사하구민의 윤흥신 공에 대한 사랑은 남다른 것 같다. 연전에는 을숙도 오페라 페스티벌에서 주인공에 적합한 지역의 대표 인물을 공모했는데 윤 장군이 선정되었다. 다대포에는 도로명 표기로 윤공단로를 지명하고 있기도 하다. 다대성의 성주였던 윤흥신 공이야말로 사하구민의 성웅으로 대접을 받고 있다는 뜻이다. 그러한데도 주민들이 예를 다해 기리고 있는 장군의 상징물인 석상은 동구의 어느 길모퉁이에서 세월로 낡아가고 있으니, 안타깝기 그지없는 일이다.

왜 다대성의 주인이 부산진성 관할에 모셔져 있는 것일까. 동래성 부사 송상현 장군의 동상이 관할인 양정동에, 부산진성의 정발 장군의 동상이 관할인 초량동에 세워져 있는 것과 너무나 대비된다. 그것도 동상이 아닌 볼품없는 석상으로. 다대성의 영웅이 다대에 있지 않다는 것은 역설이요, 모순이라는 생각을 떨칠 수 없다.

석상의 관리 상태는 더욱 그러하다. 대리석 이음새를 따라 이끼가 깊숙하게 끼어 있었다. 벌겋게 앉은 녹물은 지워지지도 않는다. 철없는 아이들은 석상에서 미끄럼 놀이를 즐긴다. 석상에 흙 때가 묻어 반질반질해질 정도건만 그들의 부모도 제지하지는 않는다. 주변은 노숙의 흔적들로 지저분하기조차 하다. 오래전 내가 보았던 그 석상이 맞기나 한 것인지.

동해 먼바다에서 눈을 떼지 못하는 석상의 속내를 가늠해 본다. 끝내 다대성을 적군의 발아래 내어줄 수밖에 없었던 애통함을 삭이느라 지그시 어금니를 깨무는 한 사나이의 절규가 들리는 듯하다. 살아도 죽어도 다대성의 안녕만을 염원했던 장군께서 문득 발밑을 내려다본다면 뭐라고 하실까. "여기가 어디냐. 다대성이 아니지 않느냐." 말 없는 넋이 슬퍼할까 두렵다.

한 권의 삶이 서술하는
풍경을 엿보다

문경희 수필가

책을 펼치며

안병진의 수필은 내가 나의 이야기를 한다는 수필의 장르적인 특성에 충실하다. 그의 붓끝에서 끝없이 교술 되어지는, 때로는 평이하고 때로는 재기발랄한 서사의 중심에 작가가 있다. 자연과 나, 세상과 나, 사람과 나, 그리고 나와 나, 그 속에서 스스로의 자의식을 공고히 마련하는 것이 그의 작법이다. 지극히 개인적이고 주관적일 수밖에 없는 작가의 감정이나 행동, 사고를 객관화하고 보편化시킴으로써 독자는 자연스레 그것을 자신의 이야기로 치환한다. 그 접점에서 공감이나 감동의 연대의식이 생겨난다.

작가는 긴 습작기를 거쳐 등단을 했다. 초스피드의 등단이 등단의 의미를 무색케 만들기도 하는 세태에 비하자면 진중하고 고집 있는 성정이다. 물론 수필을 확신하기까지 내적 파란만장이 없지는 않았을 것이다. '자신의 경험이나 느낌 따위를 일정한 형식에 얽매이지 않고 자유롭게 기술한 산문 형식의 글'이라는 단순명료한 수필의 정의가 초심자 안병진을 부추겼다면, 그럼에도 불구하고 수필은 고도의 안목과 전략과 형식을 요하는 작업이더라는 실전의 경험이 발목을 잡았을지 모르겠다.

작가는 「수필, 그 입문기」에서 '공문서 작성이나, 사내社內 게시판에 잡다한 글 올리기가 전부'였던 자신에게 수필은 낯설고도 어려운 상대였노라고 고백한다. 당연한 과정이며 누구도 피해가지 못하는 딜레마다. 희망과 좌절의 시간을 극복하고 첫 수필집을 상재한 그의 끈기에 박수를 보낸다. 이 한 권의 시도가 자기 주문이 되어 수필가 안병진의 글길이 더욱 공고해질 것이라 믿는다.

하나. 소재의 다양성, 그리고 다이내믹한 서사

소재가 다양하다는 것은 긍정적이든, 부정적이든 삶이 풍성했다는 말이기도 하다. 수필은 결국 작가의 삶에서 출발을 하기 때문이다. 다양한 소재를 통한 자기 성찰 및 고백, 그러나 그것을 지나치게 어둡거나 무겁게 끌고 가지 않는 것이 안병진이 구현해내는 수필의 세계다. 그가 다분히 긍정적인 마인드의 소지자일 거라는 추측이 가능하다.

삶은 서사의 연속이다. 어느 한 순간도 서사 아닌 것이 없다. 그 속에는 이미 흔하고 진부하기조차 한 서사도 있고, 내게만 있거나 내게만 유의미한 서사도 있다. 의식하지 못한 채 흘려버리는 것이 있는가 하면, 두고두고 반추하게 되는 것도 적지 않다. 편편이 그의 작품을 이루고 있는 서사 역시 끊임없이 그를 출렁였던 삶의 편린들을 충실하게 담아내는 것이리라.

수필의 많은 부분은 기억에서 근거한다. 『노을, 별을 품다』에서 풀어 놓은 다이내믹한 서사들 또한 기억이라는 내 안의 어떤 공간에서 발굴된 것이다. 그러나 인간의 기억 장치에는 한계가 있다. 선입선출의 규칙에 의하든, 서사의 파괴력에 따르든 시간으로 퇴색되기 마련이다. 그러나 어떤 서사는 끈질기게 살아남는다, 내 의식의 밑바닥에 앙금처럼 갈앉아 있거나 순간순간 의식의 수면 위를 부유한다.

수필은 내 안의 부유물질 내지는 침전물을 수거하는 작업이다. 아니, 수거하여 삶의 자양분으로 용도 변경시키는 일이다. 분명 내게서 생산된 것이나 나를 겉도는 무엇들. 그것을 마주하는 일이 수필의 시작이요, 잠시 나를 벗어 둔 채 객관의 자리로 물러나 그것을 해체하고 다시 조립하며 진의를 캐내는 뜨거운 과정이 수필이다. 글이라는 용광로를 통해 나를 향상시킬 수 있다면 작품의 완성도와 상관없이 성공적인 수필이 아닐까 싶다. 물론, 무엇을 끄집어 낼 것인가, 어떻게 읽고 해석하고 이야기할 것인가는 작가의 몫일 게다. 무형식에서 형식을 정립하고, 신변잡기에서 진중한 삶의 이치를 건져올리며, 보이는 것 너머 보이지 않는 것을 발견해나가는 안병진의 늘품은『노을, 별을 품다』의 전편을 통해 확인할 수 있다.

주입된 지식보다는 창의력을 관건으로 삼는 세상. 네덜란드의 역사학자 요한 하위징아Johan Huizinga의 저서『Homo Ludens』가 재평가되고 있다고 한다. 라틴어인 호모 루덴스의 의미는 놀이하는 인간이다. 그의 주장에 의하면 인간의 문화는 놀이에서 비롯되었다. 어떤 문명 하에서도 놀이는 존재 했고, 그것이 문화의 기반이 되어왔다는 것이다. 그가 말하는 놀이는 자발성과 규칙이 균형을 이루고, 즐거움과 긴장감, 그리고 윤리적 가치를 가지는 활동쯤으로 요약이 된다. 어느 저명한 작가는 말했다, 놀 때 비로소 가장 창의적일 수 있는 조건이 만들어진다고. 그렇다한다면 문학도 예외일 수는 없겠다. 작가 안병진이 수필에 접근하는 방식, 그리고 서사 중심의 작품들은 호모 루덴스와 맥락이 공유되는 느낌이다.

그는 「수필, 그 입문기」에서 퇴임 후 수필의 길을 들어서는 일을 두고 '내 안의 나를 찾는 유희'라 정의한다. 나는 그의 '유희'라는 단어에 오래 눈이 머물렀다. 즐겁게 놀며 장난함. 사전 상의 의미가 아니라도 지나치게 가벼운 정의를 신봉하는 것이 아닐까 싶은 노파심 때문이었다.

안병진의 수필은 술술 읽힌다. 그가 글의 단초로 삼은 서사들조차 평이하지만은 않다. 독창적인 서사 덕분에 독자를 글의 세계로 이끌고 가는 일이 용이해진다. 그러나 가볍고 흥미롭기만 해서는 여운이 적다는 것을 이미 작가는 간파하고 있는 듯하다. 작가의 손에서 이루어지는 서사들의 변주는 적당한 깊이와 무게감으로 독자의 공감을 유도한다. 와중에 양념처럼 슬쩍슬쩍 끼워놓은 해학에는 삶의 연륜이 묻어난다. 가독성이 넘치는 소재와 난해하지 않은 단어나 어휘, 그리고 담백한 문장 등 작가가 첫 수필집에 부려놓은 수필가로서의 톤tone이 매력적이다.

우리는 자연스레 부엌으로 돌진했다. 정면에는 커다란 물 항아리가 있고, 왼쪽으로는 솥과 부뚜막, 오른쪽은 살강이 있는 작은 부엌이었다. 살강 위의 커다란 대소쿠리에는 늘 우리의 뱃구레를 든든히 채워줄 꽁보리밥이 수북하게 들어 있곤 했다. 삼베 보자기로 얌전히 덮인 보리밥은 아들의 친구들을 위한 어머니의 배려였을 것이다. 그렇지 않고서는 단 두 식구뿐인 집에서 여분의 밥을 그리 넉넉히 준비해두었을 리가 있겠는가.

소쿠리를 내려놓기가 무섭게 머리를 처박았다. 반찬이라곤 시든 오이와 고추에 거무튀튀한 된장뿐이었지만 시장만큼 좋은 찬이 어디 있으랴. 이내 소쿠리가 바닥을 드러내고, 2%의 부족분은 한 바가지 냉수가 채워주었다. 유희처럼, 전쟁처럼 늦은 점심을 해결하고 나면 세상 부러울 것이 없었다.

「쥐섬의 추억」에서는 사실적이고 현장감 있는 묘사가 돋보인다. 직접 보지 않아도 그때 그 시절의 누추한 부엌과 시커먼 사춘기 사내 아이 몇의 전투적인 식사 장면이 눈앞에 그려진다. 설사 어찌할 수 없는 기억의 변형이나 왜곡이 생겼다한들 대수랴. 독자는 의심 없이 그의 추억에 동참하게 되지 않을까. 누구나 한 번쯤은 경험해 보았을 법한 어제를 좀 더 생생히 끄집어내기 위해 작가는 아마도 기억 속에서만 존재하는 그때의 그 부엌과 사람들을 몇 번 쯤은 만나고 왔을 법하다. 그로인해 추억을 되새기고 그리움을 달랬는지도 모른다. 조근 조근 과거를 되새기는 일 자체만으로도 현재를 추스르는 힘을 얻게 되더라는 사실은 수필을 써 본 자만이 알 수 있는 일일 것이다.

"아줌마, 와 빵 속이 비었는기요?"

"그기 공갈빵 아이가."

순간, 화가 나기보다 되레 허탈했다. 알고 보니 속이 텅텅 비어 있는, 그것은 무늬만 빵이었다. 여학생에 바람맞은 것도 부족한지, 빵까지 공갈을 친다는 생각이 들었다. 허기를 채우기는커녕 화만 돋우는 그 상황에 피식, 헛웃음이 났다.

「공갈빵」은 속칭 바람맞은 이야기다. 현역시절 울릉도 여행에서 만나게 된 초면의 여행객들과 성인봉 등산을 약속했는데 막상 출발 시점에 그들이 나타나지 않는다. 결국 그들을 포기하고 산을 오르는 중에 공갈이라는 언어가 소환되면서 학창시절의 공갈빵이 등장을 한다. 펜팔로 맺어졌던 여학생을 만나러 갔던 날, 그는 보기 좋게 바람을 맞는다. 허기를 달랠 겸 찾은 식당에서 호주머니에 있는 전 재산 50원으로 시킨 공갈빵은 허무 그 자체였다. 오랜 기다림과 절망, 그리고 허기. 그의 무겁고 피로한 감정선을 따라가던 독자들은 불현 듯 튀어나온 "와 빵 속이 비었는기요?" 원초적인 한마디의 사투리에 속칭 빵 터질 수밖에 없다. 그가 서사를 주무르는 방식이라 할까. 「알코올 유감」 역시 비슷한 기류로 서사를 다룬다.

'앵꼽'지만 현실을 거부할 수는 없다. 그러나 반듯하고 단정한 표준말의 그늘에서 꿋꿋하게 지켜온 사투리를 포기할 생각은 들지 않는다. 예나 지금이나 내게 가장 맛있는 말은 사투리이므로. '몰짱'한 정신으로 '이바구'하거니와, 지금까지 사투리 때문에 '묵고' 사는

일에 어려움을 겪어 본 일은 없으니, '내는', '마'이대로 허허실실 살
란다.

「맛있는 말」을 비롯하여, 그의 작품에서는 유년에 굳어진, 서부
경남권역, 고향의 사투리가 자주 등장한다. 귀로 들어오는 사투리
보다 그것을 활자화 했을 때 생경함이 배가된다는 것을 느낄 수 있
다. 아무렇지 않게 발설되는 사투리 덕분에 반듯한 표준어로는 전
달되지 않는 그들만의 정서가 뭉텅뭉텅 건너온다. 그로인한 향토색
또한 작가의 특색이다. 입에 익은 사투리 때문에 손해 보는 일이 생
기고, 손자의 올바른 언어 사용에 악영향을 미친다는 이유로 아내
에게 타박을 받기는 하지만 작가는 사투리를 포기하지 않을 작정이
란다.

둘, 이중구조를 통한 주제 의식의 고취

「가면」에서 작가는 출근을 위한 지하철 안에서 화장하는 여자를
넘겨다보게 된다. 타인을 의식하지 않은 채 여자는 '주근깨나 점 같
은 잡티는 콕 찍어 숨기고, 검고 푸석한 피부는 뽀얗게 분을 발라 감춘다.
눈썹은 짙게 그리고, 눈 주변에 색감을 주면서 눈꼬리를 위로 살짝 길게
그어준다. 마지막으로 빨간 립스틱을 바른 후 입술을 상하 좌우로 비비며
마무리한다.' 직접 화장을 하거나, 여성의 화장술에 그다지 관심을

두지 않았을 법한 중년의 남자가 어찌 이리 화장의 기술을 세밀하게 묘사하는지 놀라울 정도다.

그러나 그보다 더 대단한 것은 여성의 화장한 얼굴에서 또 다른 페르소나, 가면을 발견하는 눈이다. 소재를 앞두고 보이는 것 너머를 읽어내는 일은 대상에 대한 끈질긴 응시와 천착의 결과물이다. 세상의 어떤 이면도 보려들지 않으면 보이지 않는 법이니까. 현대인의 일상이라는 측면에서 보건대, 여자의 하루는 민낯으로 보내는 시간보다 화장한 얼굴로 보내는 시간이 더 많을 것이다. 민낯의 그녀가 진정한 그녀일지, 화장으로 재탄생한 그녀가 진정한 그녀일지, 작가는 딜레마에 빠지게 된다. 한 발 더 나아가, 작가는 나 자신, 그리고 우리 모두라는 존재의 딜레마로 그것을 일반화시킨다.

어찌 보면 우리는 때와 장소에 따라 제각각인 가면을 쓰고 살아가는 것 같다. 부모에게는 자식으로, 자식에겐 부모로, 직장에서는 직장인으로, 하루에도 수없이 많은 가면을 쓰고 벗는다. 어쩌면 순정한 나 자신일 때보다도 누구의 누구, 무엇의 무엇일 때가 더 많을지도 모른다. 이따금 정체성이라는 딜레마에서 허우적거리게 되는 것이 바로 가면 때문이 아닐까.

한 개인의 역사는 가면의 역사라고 해도 좋겠다. 그렇다고 한다면 진정한 나는 어디에서 찾아야 할 것인가. 가면의 입김이 가닿지 않는 청정무구의 나를 향한 작가의 고민은 깊어질 수밖에 없다.

옥타비오 파스(Octavio. Paz)는 '인간은 생존하는 한 각자의 이름과 가면으로부터 숨어 지낼 수 없으며, 가면은 곧 우리의 모습이다.'고 말했다. 그간 내가 남긴 삶의 궤적은 모두 가면의 역사였다는 뜻일 게다. 그렇다 한다면 정체성의 문제도 얼추 해결이 되는 셈이다. '지금 이 순간, 내가 쓰고 있는 가면이 바로 나 자신'이기 때문일 것이다.

'어떻게 살아왔고, 어떻게 살아갈 것인가.' 작가가 책머리의 서두에서 던진 화두의 답은 이미 작가가 알고 있었는지도 모르겠다. '지금 이 순간, 내가 쓰고 있는 가면이 바로 나 자신'일 것이므로 좀 더 대단하거나 특별한 나를 기대하며 가면을 벗으려 전전긍긍할 필요가 없는 것이 아닐까.

서사에서 시작하나 서사 그 이상으로 끝을 내는, 수필의 모범을 보여주는 작품이 「동바리」다. 크든 작든 서사는 분명 수필의 단초다. 그러나 그것에서 무엇을 이야기할 것이며, 어떤 방향으로 전개를 해나가는 것이 주제 구현을 위한 효과적인 방법인가를 찾아내는 것은 수필가의 숙제다. 「동바리」에서 작가는 늙어가는 친구들과의 동창회를 이야기하고자 하는 것이 아니다. 세월을 이야기하고, 그 세월을 이끌고 온 저마다의 분투를 치하하고 싶은 것이다. 즉 동창회라는 하나의 서사는 주제로 가는 통로를 제공할 뿐이다.

그에 의하면 건축 현장에서 사용되는 동바리는 '건축물의 슬래브

콘크리트를 타설 한 후 단단하게 양생 될 동안 거푸집을 받쳐주는 물건'
이며 '구조물이 올바르게 성형되도록 도와주는 자재'다. 그러므로 '동바
리의 떠받침이 없다면 건물은 완성될 수 없다.' 한때 세상의 중심에서
가정과 사회를 튼튼히 구축하던, 일흔 즈음의 희끗한 친구들을 보
며 작가는 동바리를 생각한다. 나를 비롯한 그들이 헤치고 나온 시
간을 위로하고 싶다.

> 동바리의 주 터전은 천장 아래 어두운 곳이다. 고개를 들어 하늘
> 을 볼 수도, 잠시나마 햇볕을 쬘 수도 없는 그늘 자리. 정수리를 타고
> 내린 콘크리트 물이 종아리까지 흘러내려도 숙명이려니 받아들인
> 다. 어깨가 결리고 허리가 휘어져도 주어진 무게를 지탱해야 하는
> 것이 그들, 동바리의 삶이다.

인간 동바리와 실재하는 동바리라는 이중구조를 어떻게 다룰 것
인가. 작가의 방식에 솔깃한 채 글을 따라갔다. 작가는 인간 동바리
의 고단했던 시절을 이야기하고 싶지만 그럴수록 건축 자재 동바리
의 운명을 파고든다. 원관념과 보조 관념 사이에 묘한 시이소 게임
이 펼쳐진다고 할까. 무엇을 무엇이 아닌 어떤 것으로 보는 눈이 좋
은 수필의 요건이다. 그 둘 사이가 생뚱맞으면서도 찰떡궁합처럼
맞아떨어진다면 성공적이라 할 만하다. 폭넓고 깊이 있는 사유를
통해 소재를 충분히 내면화시킬 수 있을 때 그것이 가능해지기도
한다. 그러므로 내가 네가 되어보는 역지사지야 말로 수필 작가가

갖추어야 할 소양 중 하나다. 이처럼 문학성이나 작품성으로 평가를 받는 수필은 쉬, 그리고 단시간에는 결코 탄생할 수 없다는 뜻이기도 하다.

가정에서 사회에서 현직이라는 역군의 자리에서 물러나 은퇴라는 언저리의 삶을 영위하지만, 그러나 동바리는 동바리다. 작가는 늙어가는 우리는 서로가 서로에게 여전히 굳건한 동바리라는 것을 알아차린다. 동바리들을 바라보는 작가의 시선이 따뜻하고 촉촉하다.

백세시대의 도래는 신중년이나 신노년이라는 계층을 탄성시켰다. 너무 일찍 동바리에서 퇴출된 젊은 늙은이들이 예고 없이 맞닥트리는 허무를 어떻게 극복해야 할 것인가가 사회문제로 대두되기도 한다. 「동바리」는 나이듦이라는 개인적인 차원의 소재를 함께 고민하고 해결해야 할 시대적인 소명으로 확장함으로써 작품성은 물론 사회성도 갖춘 작품이라 평가하고 싶다. 작품에 동원돈 상징과 은유, 낯설게 하기 등의 문학적 기법 역시 작품의 격을 높여주기에 충분하다.

셋, 왈츠가 어울리는 남자, 그의 페미니즘 혹은 와이프이즘Wifeism

왈츠는 18세기 후반부터 유럽의 귀족사회에서 선풍을 일으킨 사교춤이다. '회전하다'라는 의미의 독일어 walzen에서 유래를 한 왈츠는 3/4박자의 우아한 선율과 리드미컬한 흐름으로 인해 19세기 유럽 사교계를 지배하다시피 했다고 한다. 왈츠를 추는 그를 본 적이 있다. 파트너인 아내와 한 몸이 되어 무대를 종횡무진하던 그가 무척이나 인상적이었다. 평소 내게 각인된 작가를 감안하건대 가히 신선한 충격이라 할 만 했다.

누군가 그랬다, 춤은 내 안에 있는 또 다른 나라고. 단순한 몸놀림이 아니라 그의 성격이나 감정, 기질이 고스란히 드러나는 예술이기 때문이라 한다. 그러므로 춤은 선택이 아닌 발견이라는 것이었다. 그에게 춤이 내재되어 있었던 것처럼 글 역시 내재되어 있었다는 말이기도 하겠다. 글이나 춤이나 그 안에서 구동되는 원리는 하나일 것이므로.

『노을, 별을 품다』의 전편을 흐르는 정서는 페미니즘이다. 단언컨대 안병진 작가의 글만큼 아내가 자주 등장하는 수필은 없을 것이다. 남자 셋에 여자 한 명이라는 가족의 구성 성향 상 있음직한 현상이기는 하지만 작가의 경우는 그 이상이다.

'선녀, 깊고 숭고한 향기를 주는 꽃, 목이 긴 사슴 같은 여인, 천사, 바보천치 파랑새, 따뜻한 요람, 철의 여인, 마술사…' 안병진이 아내를 지칭하는 단어는 다이내믹하다. 대부분의 글에서 아내는 희생의 아이콘이다. 첫눈에 반해버렸던 여인과 일 년 만에 다시 만나진 우연을 그는 필연이라 생각한다. 이후 지금까지 아내의 노고에 대해 이토록 절절하게 글로 감읍하는 남편을 본 적이 없다. 구구절절을 거쳐 비로소 그들 부부는 '천생가연天生佳緣'으로 정의된다.

목이 긴 사슴 같은 여인의 뒤태가 아직도 아름답다. 이순의 나이를 바라보는 여인네의 뒷모습이 이렇게 예뻐도 되는 것인가. 단발머리 밑으로 내려온 긴 목선, 적당히 벌어진 어깨, 과하지 않게 굵어진 허리, 옛집을 찾아 휘적휘적 앞장서는 뒷모습 위로 오래전 한 처녀의 뒤태에 빠졌던 생각이 스쳐 간다.

이런 재미없는 남자가 있을까. 「뒤태에 빠지다」에서는 겨우 어느 여인의 뒤태에 심쿵을 하는가 싶었는데 다시 아내다. 그의 못 말리는 아내 바라기는 「이끼로 살다」에서 정점을 찍는다.

언젠가부터 나는 자연스레 이끼의 습성을 익히고 있다. 집 안에서 물이 있는 습한 장소만 찾아다닌다. 개수대에서는 설거지를 도맡아 하고, 욕실의 물때나 배수구 청소는 물론 변기 세척도 마찬가지다. 방과 거실의 물걸레질이나 음식물 쓰레기 처리까지, 물이 있는 모든 것은 내 손을 거친다. 노년의 평화를 위한다는 명목이지만, 실상은 나이 들어가는 아내를 위해 흔쾌히 이끼로서의 삶을 택한 내 마음이 전해지려나 모르겠다.

은퇴 후 아내와 함께 하는 취미 생활(「내 인생의 왈츠」), 아내의 고향으로의 이사(「연어처럼 회귀하다」), 아내의 칠순(「부치지 못한 편지」), 손자와 함께하는 아내(「늙어도 젊다」) ……. 「이끼로 살다」 외에도 안병진은 아내를 소재로 한 작품을 많이 쓴다. 그리고 오늘의 나는 짧지 않은 세월 동안 변치 않는 아내의 헌신이 있었기에 가능했다고 말한다. 늙어가는 남자의 묵직한 고백이 입술 너머 가슴 깊숙한 곳을 울리고 나오는 것 같아서 진의를 캐물을 수는 없다. 다만, 아내만이 남은 삶의 화양연화를 가능케 할 존재라는 고백을 보건대 그가 글을 통해 개척해놓은 와이프이즘Wifeism이 쉬 바뀔 것 같지는 않다.

책을 덮으며

안병진은 '삶은 결국 마침표가 아니라 느낌표'이기를 바란다. 그 일환으로 자신이 살아온 길을 되짚으며 순간순간 놓치고 온 감성들을 꺼내보는지도 모른다. 그런 과정을 통해 어제보다 오늘이, 오늘보다는 내일이 더 풍성한 스스로를 예약한다 할까.

프랑스의 정신분석학자인 자크 라캉Jacques Lacan은 '타인의 욕망을 욕망한다'라는 말을 했다. 영화나 드라마는 물론 요즘 성행하는 각종 SNS, 그리고 진솔함이 전제되는 삶의 표출인 수필에도 해당되는 말이 아닐까 싶다. 작가가 스스로를 내보임으로써 존재를 인정받고자 한다면 독자는 무의식중에 글 속에서 드러나는 작가의 삶을 내 삶에 투영하고자 한다는 뜻이 되겠다. 순전한 독자로서 고백하자면, 끝없이 무언가를 해 온 것처럼 끝없이 무언가를 시도할 그의 크고 작은 욕망을 나도 욕망하게 되더라는 사실이다.

끝은 곧 시작이다. 안병진 작가가 책머리에서 밝힌 '내 삶에 묻은 한 톨, 글의 씨앗'이 어디를 향할 것이며 어디로 귀착될지 알 수는 없다. 다만, 그간 열심히 쌓아 놓은 문력文曆을 디딤돌 삼는다면 소재도, 주제도, 기법도 조금 더 확장될 수 있지 않을까. 그의 내일은 물론, 안병진이라는 수필가의 손끝에서 태어날 미래의 작품들까지를 무한 응원한다.

안병진 수필집

노을, 별을 품다

초판1쇄 발행 2025년 09월 30일

지은이 안병진
펴낸이 이길안
펴낸곳 세종출판사

주소 부산광역시 중구 흑교로 71번길 12 (보수동2가)
전화 051 −463 −5898, 253 −2213~5
팩스 051 −248 −4880
전자우편 sjpl5898@daum.net
출판등록 제02-01-96

ISBN 979-11-5979-811-5 03810

정가 15,000원

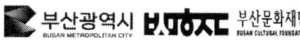

부산광역시 BUSAN METROPOLITAN CITY 부산문화재단 BUSAN CULTURAL FOUNDATION

본 도서는 2025년 부산광역시, 부산문화재단 (부산문화예술지원사업)의
지원으로 제작되었습니다.

이 책은 저작권법에 따라 보호받는 저작물이므로 무단전재와 무단복제를 금지하며,
이 책 내용의 전부 또는 일부 내용을 재사용하려면 사전에 저작권자와 세종출판사의
동의를 받아야 합니다.

* 잘못된 책은 교환해 드립니다.